AF346551

Moyen-Age

PITTORESQUE.

MONUMENS D'ARCHITECTURE,

MEUBLES ET DÉCORS

DU Xᵉ AU XVIIᵉ SIÈCLE.

Trente-Six Vues Dessinées d'après Nature

PAR CHAPUY,

En Lithographieex

Par MM. ARNOUT, ASSELINEAU, BAYOT, BICHEBOIS., BOYS, CHAPUY, DANJOY, DEROY, JACOTET, MENUT, MONTHELIER, ROUARGUE, SABATIER, le Cᵗᵉ TURPIN DE CRISSÉ, TIRPENNE, VILLENEUVE, etc.

Avec un Texte Archéologique, Descriptif et Historique,

PAR M. MORET,

Avocat à la Cour Royale de Paris.

PREMIÈRE PARTIE.

PARIS,

Chez **VEITH** et **HAUSER**, 11, Boulevart des Italiens.

1837.

Le Moyen-Age Pittoresque.

Ouvrage terminé en trente livraisons, contenant :

Numéros.

1. Cathédrale de Senlis.
2. Cathédrale de Limoges.
3. Portion de la clôture du chœur de Sainte-Cécile d'Alby.
4. Escalier du château de Blois.
5. Dressoir, par Alophe.
6. Chapiteaux de l'abbaye de Saint-Germain et fenêtres de l'église de Civray.
7. Ancienne église de Saint-Pierre, à Senlis.
8. Saint-Severin, à Paris.
9. Manoir de Saint-Ouen.
10. Tombeau du Christ, à Thann.
11. Détails de la salle St-George de Bocherville.
12. Table et chaise, à M. Monbro.
13. Chapelle du Saint-Sang, à Bruges.
14. Hôtel-de-Ville, à Arras.
15. Hôtel-de-Ville de Vendôme.
16. Portion de la façade de l'église de Ville-Franche.
17. Boiseries du musée de Dijon.
18. Fauteuil du roi Stanislas et chaises.
19. St-Pierre et abbaye de la Trinité, à Caen.
20. Cathédrale de Laon.
21. Maison en bois, à Angers.
22. Notre-Dame-la-Grande, à Poitiers.
23. Voussures, rosaces de St-Gervais, à Paris.
24. Chaises, à M. Monbro.
25. Notre-Dame-de-l'Épine, près Châlons.
26. Ruines de l'abbaye de Jumièges.
27. Palais des ducs de Lorraine, à Nancy.
28. Chaire dans la cathédrale, à Strasbourg.
29. Façade de Ruffec.
30. Deux cadres et un bénitier, à M. Schwiter.
31. Cathédrale de Berne.
32. Église Saint-Jean, à Elbeuf.
33. Portail latéral de Saint-Eustache, à Paris.
34. Fontaine, à Bâle.
35. Détails de N.-Dame-la-Grande, à Poitiers.
36. Meuble, à M. Monbro.
37. Cloître de Saint-Jean-des-Rois, à Tolède.
38. Ruines de l'abbaye de St-Bertin, à St-Omer.
39. Maison habitée par la reine Blanche, au Mans.
40. Portail de Saint-Oswald, à Zug.
41. Une porte de la cathédrale de Séville.
42. Meuble, à M. Monbro.
43. Palais Doria, à Gênes.
44. Tour de la Giralda, à Séville.
45. Partie du palais Doria, à Gênes.
46. Tour de Stanz.
47. Détails de la cathédrale de Tolède.
48. Toilette en fer damasquiné, provenant des Médicis, à M. Debruges.
49. Église de Thann, portail.
50. Cathédrale de Bâle.
51. Chapelle de Henri VII, Westminster abbaye.
52. Tombeau de Ferdinand et d'Isabelle dans la cathédrale de Grenade.
53. Porte du Jubé d'Alby.
54. Anciennes tabatières et nécessaire.
55. Cathédrale de Strasbourg.
56. Église de la Martorana, à Palerme.
57. Porte de la maison des enfans trouvés, à Cordoue.
58. Cathédrale de Suze.
59. Double travée du cloître d'Arles.
60. Armure attribuée à Godefroy de Bouillon.
61. Notre-Dame, à Châlons-sur-Marne.
62. Cloître de la cathédrale de Zurich.
63. Église de Thann.
64. Chaire épiscopale et prie-dieu dans l'église de Moelln.
65. Partie de la façade de l'église d'Auxerre.
66. Horloge en fer damasquiné, à M. Debruges.
67. Intérieur de l'Alcazar, à Séville.
68. Flèche de l'église de Harfleur.
69. Chapelle de Rosslyn.
70. Chaire dans la cathédrale de Fribourg.
71. Détails de la chaire de Ravelle.

72. Casque de Henri IV et autres armés.
73. Chapelle de Villa-Viciosa dans la cathédrale de Cordoue.
74. Hôtel du Saumon, à Malines.
75. Cloître de la cathédrale, à Gironne.
76. Abside de Notre-Dame, à Paris.
77. Chapiteaux de Saint-Germain-des-Prés, à Paris.
78. Armure aux lions de François Ier, et lances, etc., du Musée d'artillerie.
79. Bassin du commerce, à Gand.
80. Cathédrale de Beauvais, façade.
81. — intérieur.
82. Maison sur le grand canal, à Venise.
83. Détails de l'église St-Étienne, à Beauvais.
84. Casques de Bajazet II et autres, du musée d'artillerie.
85. Cathédrale de Guebwiller.
86. Cathédrale de Tolède.
87. — intérieur.
88. Fontaine Delille, à Clermont.
89. Une stalle, à M. Saint-Remy.
90. Chaises et bénitier, à M. Rouargue.
91. Chapelle de Saint-Érasme, à Westminster abbaye.
92. Cathédrale de Palerme.
93. Église de Saint-Nizier, à Lyon.
94. Niche de la cathédrale, à Sens.
95. Dressoir, à M. Saint-Remy.
96. Dagues et épées, à M. Sauvageot.
97. Saint-Georges de Bocherville.
98. Intérieur de Saint-Maclou, à Rouen.
99. Escalier dans l'intérieur de cette église.
100. Hôpital de Santa-Cruz, à Tolède.
101. Serrures, à M. Sauvageot.
102. Chaire épiscopale, au musée du Louvre.
103. Tombeau de saint Sebald, à Nuremberg.
104. Cathédrale de Noyon.
105. Place du Palais-Vieux, à Florence.
106. Chaire de Freyberg, en Saxe.
107. Façade de la même.
108. Détails de la même.
109. Dôme de Côme.
110. Campo Santo, à Pise.
111. Dôme de Milan.
112. Saint-Ambroise, à Milan.
113. Église de Saint-François, à Assise.
114. Verreries vénitiennes et flamandes.
115. Intérieur de la cathédrale, à Cordone.
116. La tour penchée et l'abside de la cathédrale, à Pise.
117. San-Giovanni, à Turin.
118. Façade Saint-Laurent, à Gênes.
119. Pieds-droits des portes St-Gilles et St-Denis.
120. Meuble au musée du Louvre.
121. Intérieur de l'église de Caudebec (Normandie).
122. Cathédrale d'Amiens, façade.
123. Cathédrale d'Amiens, côté nord-est.
124. Colonnes et supports de la cathédrale de Bourges.
125. Portail de Saint-Gilles.
126. Casque de Henri II, bouclier du Musée d'artillerie.
127. Cathédrale de Reims, façade.
128. Galerie de la cour de los Manecos, alcazar de Séville.
129. Fragment mauresque, à Tarragone.
130. Église du château, à Chambéry.
131. Détails de N.-Dame-du-Port, à Clermont.
132. Épée, forme de cimeterre, à M. de Courval.
133. Cathédrale de Lyon.
134. Dôme de Florence.
135. Cloître de Monreal, en Sicile.
136. Maison en bois, à Chartres.
137. Portail du nord de la cathédrale de Sens.
138. Lit en bois de noyer sculpté, à M. de Courval.

Numéros.

139. Cathédrale de Rouen, avec la nouvelle flèche.
140. Intérieur de la même, tombeau de Louis de Brézé.
141. Tombeau dans l'église d'Arundel (Angleterre).
142. Cathédrale de Céphalu, en Sicile.
143. Détails du cloître d'Arles.
144. Fauchard des gardes du pape Borghèse, masses d'armes et éperons, à M. de Courval.
145. Cathédrale de Milan, façade.
146. Saint-Pierre, à Rome.
147. Vue du Capitole, à Rome.
148. Portail de la cathédrale de Lausanne.
149. Détails de la cathédrale de Vienne, en Dauphiné.
150. Armement d'un chevalier au XVIe siècle.
151. Real Audiencia, à Barcelonne.
152. Église Saint-Jacques, à Nuremberg.
153. Cathédrale de Chartres.
154. Chapelle du Saint-Sépulcre, à Notre-Dame-de-Sémur.
155. Hôtel des Blés, à Sémur.
156. Meuble de M. Léon Noël.
157. Hôtel-de-Ville de Bruxelles.
158. Cathédrale de Bruxelles.
159. Église Saint-Castor, à Coblentz.
160. Abbaye de Laaken, près Andernach.
161. Porte de la cathédrale de Cologne.
162. Croisées et vitreaux de la cathédrale de Cologne.
163. Fontaine,
164. Nuremberg, vers le château,
165. La rue de l'Empereur,
166. Intérieur de l'église Saint-Sébald,
167. Bas-reliefs du tombeau de Saint-Sébald,
} à Nuremberg.
168. Tryptique, à M. Sauvageot.
169. Cathédrale et tour St-André, à Bordeaux.
170. Saint-Martin, à Cologne.
171. Reinsée.
172. Porte de San-Giovanni, à Naples.
173. Cheminée du temps de Henri II, de la grande salle du château de Joure.
174. Bouclier, à M. le comte Colbert.
175. Château de Heidelberg (extérieur).
176. Le même (intérieur).
177. Salzburg.
178. Prague (avec le pont).
179. Franz de Sickingen, d'après Durer.
180. Ulrich de Hutten, id.

Armes et Armures, Meubles et Objets divers du Moyen-Age et de la Renaissance.

Titre frontispice.
1. Prie-Dieu du XVe siècle, à Mme Poirier.
2. Bibliothèque du XVIe siècle, à la même.
3. Chaises à M. Domard, graveur.
4. Fauteuils et Chaises, à M. Monbro.
5. Meuble gothique allemand, Table bourguignonne, au même.
6. Lit, à Mme Poirier.
7. Meuble, à M. Monbro.
8. Glace à M. Domard, graveur.
9. Meuble, au même.
10. Table au musée du Louvre.
11. Lit, à M. Monbro.
12. Buffet, à Mme Poirier.
13. Chaises italiennes et Soufflet du XVIe siècle.
14. Cadres florentins du XVIe siècle.
15. Meuble du XVIe siècle.
16. Bahut du XVIe siècle.
17. Stalle du XVIe siècle.
} M. de Courval.
18. Epées et Poignards.

Numéros.

19. Armure de Henri II, de la Bibliothèque royale.
20. Flambard, Epées, Rapière et Dagues italiennes et espagnoles, à M. de Courval.
21. Meuble bourguignon, à M. Monbro.
22. Armure de Henri IV, de la Bibliothèque royale.
23. Casque de François Ier, idem.
24. Bureau du XVIe siècle, à M. de Courval.
25. Bouclier italien en cuir imprimé.
26. Epées.
27. Chanfrein du XVIe siècle.
28. Bouclier repoussé.
29. Armes et Armures.
30. Cabinet d'Armes et Armures.
} Au prince Etriers, Masses d'armes, à Pétersbourg.
31. Tryptique du XVe siècle. Dyptique du XIIIe S.
32. Entrée de Serrures et Verroux.
33. Pot à anse en ivoire.
34. Reliquaire en argent doré.
35. Pots à bière flamands du XVIe siècle.
36. Flambeau en bronze, Étriers, Éperons.
} De la collection de M. Sauvageot.

L'ouvrage se continue et présentera successivement les meubles, armes, ustensiles de ménage et objets de curiosité les plus remarquables, dessinés d'après nature dans les musées et cabinets en Europe.

Souvenirs du vieux Paris,

Dessinés d'après nature et lithographiés par M. le comte Turpin de Crissé (trente planches).

1. Reste du Palais-des-Thermes.
2. Intérieur du Palais-des-Thermes.
3. Clocher de l'abbaye St-Germain-des-Prés.
4. Intérieur de Saint-Germain-des-Prés.
5. La Sainte-Chapelle.
6. Détails de la même.
7. Église Saint-Germain-l'Auxerrois.
8. Cour de l'hôtel Cluny.
9. Hôtel de Sens.
10. Les Tours de Notre-Dame.
11. La Porte rouge à Notre-Dame.
12. Portique d'une chapelle.
13. Saint-Severin.
14. Tourelle de la place de Grève.
15. Dito rue des Bourdonnais.
16. Détails de cette maison.
17. Maison du XVIe siècle, rue Saint-Denis.
18. Détails de cette maison.
19. Maison, rue Saint-Paul.
20. Saint-Étienne-du-Mont.
21. Escalier du Jubé, idem.
22. Hôtel du Carnavalet.
23. Colonne de l'hôtel de Soissons.
24. Arcade Saint-Jean.
25. Hôtel de Longueville.
26. Escalier du tribunal de commerce de St-Méri.
27. Tourelle de l'École de médecine.
28. Tour du XIVe siècle.
29. Tourelles et fragmens.
30. Tourelles.

L'ouvrage complet, avec 24 feuilles de texte. 40 fr.
sur Chine. 50

Chaque feuille de ces ouvrages, séparément, 1 fr.

PARIS, IMPRIMERIE DE PAUL DUPONT ET Cie,
Rue de Grenelle Saint-Honoré, n. 55.

NOUVELLES PUBLICATIONS DE VEITH ET HAUSER,

11, Boulevart des Italiens.

Gravures au burin.

Francs.

La Vierge au bas-relief, d'après Léonard de Vinci, par M. Forster. — 30
Son pendant,
La Sainte Famille, d'après Raphaël, gravée par M. Forster, paraîtra dans deux ans.
La Vierge de la maison d'Orléans, d'après Raphaël, par M. Forster. — 20
La Vierge au silence, d'après A. Carrache, par M. Th. Richomme. — 20
La Vierge au livre, d'après Raphael, par M. Th. Richomme. — 12
La Vierge du musée de Parme, d'après Corrège, par M. Leroux. — 12
Portrait de Raphaël, d'après lui-même, par M. Forster. — 12
Portrait de Marc-Antoine, d'après Raphaël, par M. Leisnier. — 12
Portrait de Cervantès, d'après Vélasquez, par M. Dequevauvillers. — 12
Portrait de Léonard de Vinci, d'après lui-même, par M. Leroux. — 12
La jeune Mère napolitaine, d'après M. H. Vernet, par M. Conquy. — 8
La jeune Mère française, d'après M. Steuben, par M. Conquy. — 8
Bonaparte aux Pyramides, d'après Gros, par M. Vallot. — 60
Faisant pendant à
François Ier et Charles V visitant les tombeaux de St-Denis, d'après Gros, par M. Forster. — 72
Didon, d'après Guérin, par M. Forster. — 60
Faisant pendant à
Andromaque, d'après Guérin, par M. Richomme. — 60
Gustave Wasa, d'après Hersent, par M. H. Dupont. — 60

Paris et ses Souvenirs,

Illustré par Arnout.

Vues lithographiées, avec entourages caractéristiques à chaque monument, avec texte historique et explicatif, publié par livraisons de six planches.

Première livraison.
Numéros.
1. La Bourse.
2. La Madeleine.
3. Notre-Dame.
4. Place et colonne Vendôme.
5. L'arc de triomphe de l'Étoile.
6. Place de la Concorde vers le Garde-Meuble.

Deuxième livraison.
7. Le Panthéon.
8. Dôme des Invalides.
9. Arc de triomphe du Carrousel.
10. Pont du Carrousel.
11. Jardin des Plantes, cabinet de minéralogie.
12. Jardin des Plantes, côté de l'amphithéâtre.

Chaque livraison, sur demi-colombier vélin. — 12 fr.
Premières épreuves sur Chine. — 18
En couleur.

Vues et Monumens de Paris et ses environs,

Dessinés d'après nature et lithographiés par Arnout, douze pouces sur neuf (demi-colombier). Trente planches. — 75 fr.
Coloriées avec soin. — 180
Numéros.
1. La Bourse.
2. La Madeleine.
3. Notre-Dame.
4. Cascade de Saint-Cloud.
5. Vue du pont Royal et monument du quai d'Orsay.
6. Arc de triomphe de l'Étoile (côté de Neuilly).
7. Chambre des Députés.
8. Place et colonne Vendôme.
9. Jardin et palais des Tuileries.
10. Arc de triomphe de l'Étoile (côté de Paris).
11. Dôme des Invalides.
12. Colonnade du Louvre.
16. Jardin et galeries du Palais-Royal.
14. Panthéon, avec le nouveau fronton.
15. Boulevart des Italiens.
16. Père-Lachaise.— Tombeau du général Foy.
17. Chemin de fer.—Départ pour St-Germain.
18. École Militaire.—Revue au Champ-de-Mars.
19. Porte St-Denis.
20. Palais de Versailles (côté du parc).
21. Id. (côté de la cour).
22. Fontainebleau (cour des Fontaines).
23. Id. (cour du Cheval-Blanc).
24. Arc du Carrousel et palais des Tuileries.
25. Fontainebleau (cour ovale).
26. Pont du Carrousel, vers le Louvre.
27. Place de la Concorde, vue générale.
28. Obélisque de Luxor, avec les fontaines.
29. Vue prise sur le Pont-Neuf, avec la statue d'Henri IV.
30. Vue du Pont-Neuf et de la Cité.

Chaque vue séparée, en noir. — 2 fr. 50 c.
Id. en couleur. — 6

Première vue panoramique de Paris au dix-neuvième siècle, par M. Champin, prise de la galerie des colonnes, à Notre-Dame.
Deuxième vue panoramique de Paris au dix-neuvième siècle, par M. Champin, prise de la galerie Bourdon; sur grand-aigle, avec une réduction explicative à l'eau forte, chacune — 12 fr.

Monumens arabes et moresques en Espagne. Vues, détails et plans dessinés sur les lieux par M. Girault de Prangey, et lithographiés par les meilleurs artistes, contenant :
La Mosquée de Cordoue, l'Alcazar et la Giralda à Séville;
14 planches avec texte orné, — 40 fr.
sur Chine, — 50
Les 5 planches de détails coloriées or et argent, 25 francs en plus.
Souvenirs de Grenade et de l'Alhambra;
30 planches avec texte orné, — 75 fr.
sur Chine, — 90
Les 10 planches de détails coloriées or et argent, 50 francs en plus.

Le moyen-âge pittoresque. Vues de monuments et détails d'architecture, armures, meubles, etc., du dixième au dix-septième siècle, dessinées d'après nature, par Chapuy et autres, et lithographiées par les meilleurs artistes; 180 planches in-folio publiées en 30 livraisons de 6 feuilles, formant 5 volumes, avec texte, 200 fr. épreuves sur Chine et texte papier vélin, 260 exemplaire colorié, id. — 500

Armes, armures, meubles et objets divers du moyen-âge et de la renaissance, dessinés d'après nature dans les principaux musées et cabinets d'Europe, et lithographiés par Asselineau, paraissant chaque mois par livraison de 6 planches, in-folio à 6 fr.; sur Chine, 8 fr.
En couleur, — 18

Souvenirs du vieux Paris. Exemples d'architecture de temps et de styles divers; 30 planches in-folio dessinées et lithographiées d'après nature par M. le comte Turpin de Crissé, avec un texte descriptif, — 40 fr.
sur Chine en portefeuille, — 50
colorié, — 100

Musée d'armes rares et orientales de S. M. l'empereur de Russie, lithographiées par Asselineau, paraissant en livraisons de 8 planches avec texte, chacune à — 10 fr.

Les capitales et principales villes de l'Europe gravées à l'aqua-tinte, 12 planches ont paru, chacune noire ou avec teinte, — 2 fr.
coloriée, — 5
Numéros.
1. Paris.
2. Londres.
3. Rome.
4. Gênes.
5. Amsterdam.
6. Florence.
7. Venise.
8. Munich.
9. Saint-Pétersbourg.
10. Madrid.
11. Palerme.
12. Naples.

Les chefs-lieux et principaux sites de la Suisse dessinés d'après nature par Chapuy, et lithographiés par E. Deroy, Jacottet, Hostein, etc. :
Numéros.
1. Zurich.
2. Berne.
3. Lucerne.
4. Genève.
5. Vevey.
6. Chapelle de Guillaume-Tell.
7. Berne.
8. Neufchâtel.
9. Glarus.
10. Thoune.
11. Château de Wimmis.
12. Splugen.
13. Bâle.
14. Genève et île Saint-Pierre.
15. Altorf.
16. Fribourg.
17. Stanz.
18. Arau.
19. Schwitz.
20. Bellinzona.
21. Lucerne.
22. Pont de Fribourg.
23. Chute du Rhin.
24. Glacier inférieur du Grindelwald.
25. Lugano.
26. Zug.
27. Lac de Wallenstadt.
28. Staubbach.
29. Hôpital du Grimsel.
30. A Meyringen.
31. Lausanne.
32. Soleure.
33. Saint-Gall.
34. Ponte Cresa.
35. Vue prise à Brunnen.
36. Grindelwald et le glacier supérieur.
37. Schafhouse.
38. Sils et Tusis.
39. Col du Brunig et lac de Lungern.
40. Sion.
41. Le Wetterhorn et Wellborn.
42. Le Pisse-Vache.
43. Coire.
44. Chute du Reichenbach.
45. Glacier de Rosenlaui.

Chaque vue en noir, 1 fr.; coloriée, — 3 fr.

Les rives de la Meuse, depuis sa source jusqu'à son embouchure. 20 vues in-folio dessinées d'après nature et lithographiées par Hostein; noir, 20 fr.; couleur, — 60 fr.
Numéros.
1. Source.
2. Saint-Mihiel.
3. Mézières.
4. Verdun.
5. Sedan.
6. Jonction avec la Semoy.
7. Revin.
8. Givet.
9. Fumay.
10. Namur.
11. Rocher à Bayaux.
12. Dinant.
13. Rochers de Samson.
14. Huy.
15. Château de Chockier.
16. Liège.
17. Maestricht.
Numéros.
18. Venloo.
19. Dordrecht.
20. Rotterdam.

Chaque vue séparément, 1 fr. coloriée, 3 fr.

Collection de vues d'Italie et de la Suisse, coloriées avec soin et montées sur passe-partout, avec entourage,
100 planches, à — 1 fr. 50 c.

Vues d'Allemagne et environs,
24 vues, comme ci-dessus, à — 1 fr. 50 c.

Cours complet d'études de paysages, d'après Coignet, par Jacottet;
28 feuilles sur quart colombier, — 20 fr.

DIVERSES TÊTES DE FANTAISIE.

Les Héroïnes des principaux romanciers, par Grévedon. Première livraison, de 4 planches, en noir. — 10 fr.
en couleur. — 16
Numéros.
1. Jolie Fille de Perth.
2. Miss Jane.
3. Rebecca.
4. Amy Robsart.
La belle Fortunata,   } par } à 3 f. noir
La jeune Fille de St-Brice, } Fechner, } 6 color
Marion Delorme,
Jane Gray,   } par } à 3 f. noir
Jeux d'enfans, } Fechner, } 8 color
Madonna avec l'enfant,
Fantaisies, dessinées d'après nature et lithographiées, par Noguès.
Quatre têtes de femmes, imprimées à deux teintes, noires. — 15 fr
Coloriées. — 30

PORTRAITS D'ARTISTES.

	Fr.	C.	Fr. s/Ch
Julie Grisi, lithographié par M. Winterhalter.	5	»	
Rubini.	3	»	
Tamburini.	3	»	
Santini.	3	»	
Lablache.	3	»	
Chollet.	3	»	
Mmes Pasta.	3	»	
Allan Despréaux, par Grévedon.	2	50	
Léontine Fay, id.	2	50	
Albert, id.	2	50	
Prévost, id.	2	50	
Jawurek, id.	2	50	
Noblet, id.	2	50	
Falcon, id.	2	50	
Grévedon, id.	2	50	
Levert, id.	2	50	

Portrait du roi Louis-Philippe, peint d'après nature par ordre de S. M., en 1838, par F. Winterhalter, et lithographié par L. Noël — 5 fr., sur Chine 6 fr.

Deux sujets tirés des Pionniers et du dernier des Mohicans, de Cooper, gravés à la manière noire par Girard, savoir :
Élisabeth et Louise surprises par une panthère, d'après Demahis. — 24 fr.
Alice et Cora défendues par le major Hayward, d'après Vanden-Berghe. — 24 fr
Vittoria d'Albano, d'après H. Vernet, gravée par Cousins. — 16 fr
L'Orage, d'après Collin, par Lucas. — 6 fr
Le Massacre des Innocens, d'après Coignet. — 3 fr
Isaac et Rebecca, } par Lucas; — à 4 fr
David et Bethsabé, }
Suite de six sujets de l'Écriture-Sainte, sur quart raisin, par Lucas. — 7 fr. 50 c.
contenant la Tentation.—Passage du Jourdain — La veuve de Sarepta. — Résurrection de Lazare. — Le Christ dans le Jardin. — Saül et l'ombre de Samuel.

INTRODUCTION.

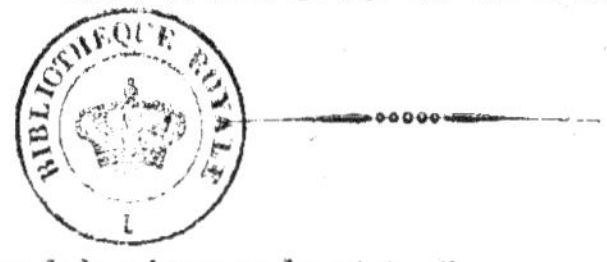

La France est le pays de la science et du génie, j'y consens ; Paris est la métropole du monde
civilisé, je ne le nie pas ; nos architectes sont les dignes successeurs d'Ictinus, nos peintres de
Parrhasius et de Zeuxis, nos statuaires de Praxitèle et de Phidias, je l'accorde ; mais conve-
nons que si notre pays reproduit le talent des Hellènes, il n'a pas hérité de leur goût pour la
conservation des chefs-d'œuvre.

Nous possédons en France, entre autres monumens, quelques édifices très-rares de l'é-
poque gallo-romaine et de la race carlovingienne, ces derniers connus sous le nom de style
roman primitif. Les uns viennent d'être détruits, comme l'église de Samson-sur-Rille, et de
Saint-Pierre, au Mans ; les autres, comme les églises de la Basse-Œuvre à Beauvais, de Saint-
Martin à Angers, de Saint-Jean à Saumur, de Saint-Sauveur à Nevers, sont transformés en
atelier de menuisier, écurie de loueur de voitures, magasin de fagots ou grenier à foin. Il
serait trop long d'énumérer les monumens d'architecture ogivale déshonorés par d'ignobles
emplois, nous nous contenterons d'en citer un curieux et affligeant exemple, c'est celui de
l'église de Saint-Martin, paroisse de la moitié de la ville de Langres. Cette église élégante et
remarquable par un campanille moderne en pierre, l'un des plus jolis de France, est divisée
en deux parties. Le chœur sert à l'office divin, mais la nef et la façade appartiennent à un
nourrisseur de bestiaux. L'odeur des fumiers se mêle au parfum des encensoirs, et les mugis-
semens des animaux à la voix des prêtres et à l'harmonie des orgues. Aux fêtes de Noël on peut
se faire illusion et se croire dans l'étable de Bethléem où les ânes et les bœufs saluent le nou-
veau-né. Le peuple de Langres est réellement un peuple de pasteurs ; son église ressemble à une
vraie tente de Bédouins.

Je dois cependant le reconnaître, on peut faire mieux encore, et les habitans de la même
ville de Langres, si peu soigneux pour le culte et les monumens de l'art moderne, traitent
beaucoup mieux les monumens romains. Ils possèdent un arc-de-triomphe du peuple-roi, mais

« Par un triste retour des choses d'ici-bas »

les pieds de la noble porte s'enfoncent dans les immondices, et sa couronne, élevée à la hauteur
du rempart, sert de latrines publiques.

Il faut le dire et l'écrire partout jusqu'à une réforme, la France, si fière de sa poétique civilisation, est, sous le rapport de la conservation et de l'achèvement des édifices, le pays le plus
barbare du globe. L'esprit de destruction s'y élève un vaste temple de ruines ; les enfans brisent
à coups de pierres les églises que leurs pères se plaisent à renverser. Dans les discordes civiles
chaque parti victorieux s'attaque aux monumens du vaincu. Ainsi, dans les guerres de religion entre les protestans et les catholiques, c'était une destruction universelle. Les catholiques
livraient aux flammes les temples des réformés, témoins Charenton et l'exploit insigne du
connétable de Montmorency, surnommé le capitaine *Brûle-Bancs* ; les protestans prenaient

leur revanche sur les églises, témoins aussi Saint-Aignan d'Orléans, l'abbaye aux Dames de Caen et la moitié des villes du royaume.

Cependant la piété de nos pères avait répandu les édifices sacrés sur notre sol avec une telle profusion, qu'on en comptait, en 1789, plus de dix-sept cent mille.

Mais, pendant la révolution, une glorieuse émulation s'établit entre les destructeurs publics et les démolisseurs privés, entre un gouvernement vandale et des bandes noires spéculatrices.

On fit un si chaleureux assaut de destruction, on renversa tant et si bien, qu'il reste à peine cent mille églises en France, dont deux mille au plus sont remarquables : c'est un édifice intéressant pour les arts par dix lieues carrées, si l'on retranche les bâtimens civils et les châteaux.

Nos regrets seront peu partagés, nous ne l'ignorons point ; on se rira de notre douleur artistique ; on alléguera cavalièrement le grand principe de l'utilité. Cependant, en admettant même ce *criterium*, tout matériel qu'il soit, il valait mieux encore conserver des monumens qui avaient coûté des milliards (en monnaie relative) à la piété de nos pères, et qui ont été vendus quelques millions mal payés en assignats. Ces couvens, ces abbayes, ces églises, transformés en manufactures dans nos campagnes, en mairies, colléges, écoles, salles d'asile, dans nos villes, auraient augmenté nos richesses nationales et municipales.

Nos proconsuls et leurs ouvriers armés de pioches et de marteaux, au lieu de s'attaquer à de pauvres églises qui n'en pouvaient mais, et de s'écrier, en parodiant cet honnête Néron :

Leur innocence enfin commence à me peser.

auraient bien pu leur pardonner le tort d'embellir nos cités et nos paysages.

Mais ils n'épargnèrent un petit nombre de pieux édifices que pour en faire des complices, pour ainsi dire. Si Peyberland à Bordeaux, Saint-Aubin à Angers, et la belle tour de Saint-Jacques à Paris élèvent encore leurs fronts gothiques au-dessus des maisons modernes, c'est parce que l'industrie privée les acheta pour y fabriquer du plomb de chasse. En 93, les temples de la Paix et de la Charité devinrent des magasins de salpêtre, des manufactures d'armes de guerre, et la voix religieuse de l'airain qui appelait les fidèles à la prière, mugit dans les flancs du bronze qui vomissait la mort. Enfin, pour compléter ce tableau, Saint-Firmin et les Carmes, à Paris, furent transformés en des prisons où l'on enferma les prêtres non assermentés, et des centaines de ces infortunés furent massacrés sur les autels, afin que leurs bourreaux goûtassent le double plaisir du meurtre et du sacrilége.

Mais quittons ces affreuses images pour rentrer dans un sujet plus doux à traiter.

Malgré l'étendue de nos pertes dans les arts, la France présente encore des richesses qui ne sont pas à dédaigner, et les monumens détruits lui ont laissé quelquefois le triste avantage de posséder des ruines pour contraster avec ses édifices vivans.

Les Celtes, nos ancêtres des temps les plus reculés, ont érigé dans plusieurs de nos provinces, spécialement dans la Bretagne, le Maine et le pays Chartrain, des *pierres levées* ou *Menhirs*, des *Galgals*, des *Dolmens* et *demi-Dolmens*, des *Cromlechs*, et surtout cet immense labyrinthe de *Carnac* dont les géans de pierre semblent défier la puissance de la mécanique perfectionnée de nos jours, autant qu'ils torturent l'esprit des archéologues.

Les Romains ont embelli également le sol des Gaulois, devenus leurs auxiliaires après avoir été leurs plus redoutables ennemis. Nismes, Orange, Autun, Paris, Bordeaux et cent autres de nos cités renferment des temples, des arènes, des aqueducs, des thermes et des arcs-de-triomphe.

Nous avons indiqué déjà quelques-uns des monumens gallo-romains ; il en existe encore quelques autres, espèces de diamans bruts, historiques et artistiques, trésors véritables pour un lapidaire-archéologue.

Le moyen-âge nous offre une foule d'édifices privés ou publics, royaux ou municipaux, dans le style du roman de transition, si intéressant à fixer; du Byzantin, si curieux par son mélange d'architecture de Rome et de Constantinople réunies. Les trois styles de l'ogive se dessinent également sur l'azur de notre ciel, quelquefois dans leur pureté spéciale, d'autres fois combinés entre eux ou avec les caractères arabes introduits chez nous par les Visigoths, dans le midi, ou rapportés de l'Orient avec les Croisades. Paisible conquête achetée par des flots d'or et de sang, par la vie d'un de nos plus grands rois, et qui, par une faible compensation, a décoré la France après l'avoir épuisée. L'ordre des Templiers ajoute encore une variété à ces constructions, en leur donnant la forme circulaire du tombeau du Christ, que le glaive des chevaliers et l'épée des Lusignan n'avait pu défendre contre le cimeterre de Salah-el-Din.

Enfin, après les chefs-d'œuvre des Montreuil, des Limberger, des Robert de Coucy, des Jean de Beauce, qui, comme Christophe Wren à Saint-Paul, pourraient dire : *Si quæris monumentum circumspice.* « Vous cherchez un monument à notre gloire, levez les yeux et regardez autour de vous ; » après l'érection des magnifiques basiliques de Rheims, de Chartres, de Paris, de Beauvais, de Rouen, d'Amiens, dont les auteurs sont en partie inconnus, les artistes s'épuisent ; ils allongent outre mesure le fuseau des colonnes, ils exagèrent la pointe de l'ogive, la sécheresse des ornemens, et après des édifices encore imposans, mais défectueux, comme Saint-Vincent et partie de Notre-Dame et de Saint-Ouen à Rouen, Saint-Jacques à Lisieux, la nef de la cathédrale de Nantes, etc., etc., ils portent ces défauts à leur plus grand excès en passant au style ogival quartaire.

On retrouve ce caractère nouveau dans la tour et le portail de Saint-Maclou à Rouen, dans celle de Caudebec, le portail d'Harfleur, le dôme central d'Évreux et de Saint-Jean à Caen, dans la cathédrale d'Albi toute entière. Il se manifeste trop souvent par les formes bizarres et de mauvais goût auxquelles on assujettit la pierre. Elle devient menaçante en s'appendant aux clés de voûtes ; ridicule en luttant de légèreté avec les flammes, au point que le style est appelé *flamboyant* par une satire pittoresque de nos voisins d'outre-Manche. Enfin, les artistes ajoutent à l'amaigrissement du style précédent, tous les tours de force puérils ; des porte-à-faux apparens pour les colonnes et les piliers butans ; des contreforts escamotés à l'œil pour les voûtes, etc., etc. Il semble qu'ils se soient fait un jeu d'effrayer les dignes paroissiens en élevant sur leur tête une épée de Damoclès en pierre, afin d'augmenter leur ferveur par la crainte d'un trépas imminent, et de les conduire droit au paradis par la terreur de l'enfer toujours béant au-dessus d'eux.

Après le style ogival quaternaire, on peut en reconnaître un cinquième, dont je demande l'introduction dans les nomenclatures archéologiques. C'est celui d'un genre qui n'est plus le *gothique*, pour employer l'expression impropre consacrée par l'usage, mais qui n'est pas encore *la renaissance*. Les artistes tâtonnaient timidement dans l'obscurité, et cherchaient péniblement au milieu de cette nébuleuse qui n'est ni l'atmosphère terrestre ni le pur éther.

On doit à ce temps d'interrègne des édifices très-curieux pour l'observateur. Saint-Eustache à Paris, l'Abside de Saint-Pierre à Caen, l'Hôtel-de-Ville de Provins, incendié depuis, mais conservé par la gravure ; un portail latéral de Boni sur Loire, une partie de l'intérieur de

Cravant sur l'Yonne, et de Châtel-Censoir dans la Nièvre, etc. Ces monumens, peu remarqués; sont cependant assez nombreux pour former une classe que l'on pourrait nommer première de transition, afin de la distinguer de la seconde qui conduit à la renaissance.

Cependant le xv⁰ siècle expirait; le fameux *Seicento* commençait. Il allait émanciper l'esprit humain dans les sciences, les lettres, la religion et la politique, etc. Le génie de ce siècle, embouchant la trompette qui appelait les hommes à une liberté universelle se posait sur le tombeau de Jules II, dû au ciseau de Michel-Ange. C'était une source sacrée et féconde pour les arts que ce mausolée d'un pontife qui disait, avec plus d'énergie cependant que de noblesse : « Les belles-lettres sont de l'argent aux bourgeois, de l'or aux nobles, et des diamans aux princes. »

C'est un grand et noble tableau que celui de l'affranchissement de l'esprit humain, et de l'essor de son génie au xviᵉ siècle. Forcé de me refuser au plaisir de le tracer, je m'en dédommagerai du moins en répétant les grands traits artistiques réunis par Pope dans son *Essai sur la Critique* (¹).

« Mais voyez : c'est l'âge d'or du grand Léon! Chaque muse sort de sa léthargie et rajuste » sa guirlande flétrie par le temps. L'antique génie de Rome, qui plane sur ses ruines, en se- » coue la poussière et lève sa tête majestueuse. O triomphe des arts! La Sculpture et ses sœurs » sortent de leurs tombeaux ; le marbre respire, la pierre revêt des formes, et de plus augustes » temples retentissent de plus suaves accords. »

Les Français se sont associés au mouvement imprimé à l'esprit humain, et François Iᵉʳ sur le trône a mérité, comme Léon X sur la chaire de saint Pierre, le glorieux surnom de père des lettres. L'histoire et la morale jugent, non sans raison, avec sévérité le rival de Charles-Quint; si nous n'avons le droit de lui pardonner *parce qu'il a beaucoup aimé aussi*, pardonnons-lui du moins pour avoir protégé les poètes, les peintres et les sculpteurs de son temps.

La vocation du monarque était si prononcée, qu'avant son avénement, les Italiens eux-mêmes présageaient un règne glorieux pour les arts. L'élégant Castiglione, dans son *Cortegiano*, saluait déjà, dans le duc d'Angoulême, l'avenir brillant du roi François Iᵉʳ.

Se la buona sorte vuole che monsignor d'Angolem (come sì spera) succeda alla corona, estimo, che sì come la gloria dell' arme fioresce e risplende in Francia, così vi debba ancor con supremo ornamento fiorir quella delle lettere.

La prophétie fut justifiée : la gloire des lettres resplendit à l'égal de la gloire des armes; et le vainqueur de Marignan s'honora d'être le protecteur de Marot et l'ami de Léonard de Vinci.

La renaissance enrichit la France d'une foule de monumens gracieux, dans lesquels la richesse et la naïve finesse des sculptures le disputent à l'élégance et à la noblesse des lignes architecturales. Le désir de conserver la hardiesse des formes du style ogival, et la profusion de son ornementation, nous a valu des créations d'une grande originalité pour les types romains et grecs, condamnés à se familiariser, à s'évider, à s'assouplir, à se plier à des formes

---

(¹) *But see! each muse, in Leo's golden days*
Starts from her trance, and trims her wither'd bays;
Rome's ancient genius o'er its ruins spread,
Shakes off the dust, and rear his reverend head.
Then sculpture and her sister arts revive;
Stones leap'd to form, and rocks began to live :
With sweter notes each rising temple rung.
ESSAY ON CRITICISM, part III.

délicates et légères, et à se couvrir d'entrelacs et d'arabesques. L'hôtel de Bourgtheroude, à Rouen, est un des monumens les mieux conservés de cette aimable école qui passa rapidement en semant sur notre pays ses chefs-d'œuvre mignons et spirituels. Les palais de nos rois, les châteaux de leur grande noblesse, et les églises nouvelles, achevés d'après la mode du jour, conservent un nombre considérable de traces du génie de la renaissance.

Parvenu au classique moderne, dont je n'ai pas à parler dans le plan de ce texte, rattaché à une publication de lithographies sur le *Moyen-Age pittoresque*, je n'ai plus qu'à m'écrier : *Italiam, Italiam!* Mais en rentrant dans mon sujet, je me retourne involontairement, *immemor victusque animi*, pour signaler et regarder encore les quatre pléiades des architectes que la France a vu briller successivement à ses yeux. Philibert Delorme et Desbrosses, avec leurs types, les Tuileries et le Luxembourg; Mansard et Perrault avec le Louvre et les Invalides; Soufflot et Gabriel avec le Panthéon et le Garde-Meuble; enfin Chalgrin et Brongniart avec la Bourse et l'Arc-de-Triomphe! Les écoles de sculpture et de peinture se présentent également ment avec des chefs-d'œuvre, et se prêtent aux mêmes divisions, depuis Jean Goujon et Cousin, jusqu'à MM. Lemaire et Delaroche.

Ainsi, malgré des pertes immenses, la France est encore intéressante par la richesse et la variété des monumens; c'est une mine abondante en archéologie; et, bien qu'exploitée en partie, elle recèle des trésors dans son sein pour ceux qui sauront l'ouvrir et le féconder.

Chose singulière, nous avons long-temps ignoré les beautés dont notre sol est semé; ce sont des étrangers, ce sont les Anglais qui, les premiers, en ont révélé l'existence. Désireux de déterminer les caractères divers du style ogival, improprement nommé gothique, du nom de peuples qui détruisaient beaucoup et construisaient peu, des écrivains de la Grande-Bretagne, après avoir exploré leur île, passèrent la Manche et vinrent en Normandie étudier le tronc de l'arbre immense qui, depuis la conquête de Guillaume, avait poussé ses racines et ses rameaux au-delà du détroit.

Langlay, en 1742, ouvrit la carrière par un ouvrage où il s'efforça de prouver combien le style ogival, ignoré plus que méconnu, méritait l'attention des artistes. Horace Walpole suivit ses traces peu de temps après, non sans succès.

Dès 1752, M. Ducarel entreprit un *Voyage en Normandie*, imprimé aux frais de la Société des Antiquaires de Londres.

Le révérend J. Bentham jeta les fondemens de la science nouvelle par l'*Histoire de la Cathédrale d'Ely*, publiée en 1771.

MM. King, J. Dallaway, Walton, Milner, Dawson Turner, Dibdins, Whittington, Haggit, Gally-Knight, etc., publièrent divers ouvrages sur l'architecture anglaise du moyenâge, saxonne et ogivale, en illustrant leurs textes et leurs dessins par des descriptions et des vues comparées avec celles de la Neustrie.

M. Cotman fit paraître, en 1822, un recueil qui renferme plus de cent planches in-folio, sur les monumens capitaux de la Normandie, sous le titre de *Architectural Antiquities of Normandy*.

Mais la science doit une véritable reconnaissance à MM. Britton et Pugins, dont les publications consciencieuses et profondes pour le texte, fidèles et brillantes pour les gravures, ont répandu avec diffusion la lumière sur des matières livrées encore à une demi obscurité.

Aujourd'hui l'étude de l'architecture ogivale est devenue populaire en Angleterre. On y élève un grand nombre d'églises en adoptant pour règle, dans chacune, les caractères parfaitement déterminés des XIIIe, XIVe et XVe siècles. Ce genre est connu par excellence sous le nom d'*Ecclesiastical style*, et je citerai parmi ses plus belles productions récentes, Saint-Luke-Church à Liverpool, Saint-Georges et Saint-Mathew à Manchester, les deux tours de la Chapelle écossaise, Saint-Mark et Saint-Dunstan dans le Strand, à Londres, enfin, les nouvelles églises paroissiales de Ramsgate, de Margate et de Chelsea.

Les ouvrages d'architecture gothique, illustrés par des gravures, sont aujourd'hui fort goûtés dans les trois royaumes; ils sont tirés à 15 et 20,000 exemplaires. Les Anglais publient même en ce moment, par livraisons mensuelles, un beau livre sous le titre de *Winkles's continental Cathedrals*, dont nos églises font le sujet et l'ornement.

En France nous avons eu, il est vrai, quelques auteurs qui ont écrit sur les monumens avant 1789, mais c'était plutôt sous les points de vue historique et religieux que sous le rapport architectonique. L'illustre père de Montfaucon, le père Michel Germain, l'abbé Lebœuf, l'abbé de La Rue, le savant évêque d'Avranches, avaient commencé ou exécuté des ouvrages que l'incendie ou la mort nous a ravis en partie.

Nous devons une gratitude réelle à MM. Millin, Villemin, Lenoir, Seroux d'Agincourt, comte de Laborde, Taylor et Nodier, Shweighauser et Golberry, etc., qui ont fait faire de grands pas à la science, par leurs belles publications.

La Normandie, en particulier, a produit un grand nombre d'auteurs modernes pris dans son sein; leur donner le jour, c'était mettre le fruit auprès des mains appelées à le cueillir. Nous citerons MM. Leprevost, de Gerville, Lambert, Langlois, Thomine, l'Échaudé d'Anisy, Laquerrière, Dibon, Deshayes, Lesquilliez, etc.; M. de Jolimont, qui manie également bien la plume et le crayon, et de Caumont, si savant et si zélé, dont le cours d'antiquités monumentales a véritablement fondé la science parmi nous; les Sociétés académiques des antiquaires de France, de l'Ouest, de Normandie, ont publié d'importans mémoires; enfin, les Congrès scientifiques ont rendu l'archéologie populaire.

Bien plus, le feu sacré des arts qui ne brillait qu'à Paris, s'étend et s'allume dans les provinces. On commence à y publier les guides locaux dans les cités, qu'on n'exécutait autrefois que pour les villes d'Angleterre, et des recueils de lithographies spéciaux; on y imprime l'Album du Loiret, du Dauphiné, de Nancy, etc.; Madame veuve Jobard, à Dijon, qui a déjà édité un bel ouvrage in-folio, avec texte et lithographies, sur le département de la Côte-d'Or, continue l'ancienne Bourgogne par celui de Saône-et-Loire.

Des artistes distingués, MM. Chapuy, Deroy, Callow, Dauzats, Rouargue, Turpin de Crissé, Durand, Bichebois, Boys, Monthelier, Gué, Justin Ouvrié, Décamps, Stubert, Siméon Fort, Viard, Villeret, Buttera, Villenéuve, etc., parcourent nos provinces et exhument des monumens ignorés. Chez eux, la palette et les brosses du peintre à l'huile, les godets et les pinceaux de l'aquarelliste, la pierre et les crayons du lithographe, le cuivre ou le bois et le burin du graveur, tous les arts, tous les artistes, se réunissent pour raviver le moyen-âge. Ses châteaux se relèvent avec leurs tours, leurs créneaux et leurs pont-levis; ses églises avec leurs fenêtres à lancettes, leurs flèches aériennes, leurs vastes nefs, et leur forêt de colonnes.

MM. Veith et Hauser ont donc pensé que le moment était opportun pour une publication de lithographies sur *le Moyen-Age pittoresque*. J'y joins un texte sur les édifices à ogives, et sur ces élégantes dentelles de pierres qui m'ont toujours ému d'admiration. Puissent mes notices ne pas être *le plomb pesant attaché à la gaze légère d'Italie*.

Pressé par les travaux de ma profession, je sollicite l'indulgence du public pour ces descriptions jetées rapidement sur le papier. Mais si j'ai fait un mauvais ouvrage, je vais le compenser par un bon conseil.

La Fontaine disait à tous ses amis : *Avez-vous lu Barruch ? —* Non. *— Eh bien ! lisez-le.* Je demande à tous mes lecteurs : *Avez-vous étudié l'archéologie ? —* Non. *— Eh bien ! étudiez-la*, et j'ai pour vous y engager l'autorité de l'expérience personnelle.

Les lectures sur l'histoire du moyen-âge deviennent plus agréables et plus instructives, illustrées par un court travail préliminaire. Les promenades dans nos cités et nos campagnes s'embellissent de mille points de vue nouveaux ; les loisirs sont remplis par des souvenirs variés et par l'étude des recueils architectoniques, dont les hiéroglyphes n'ont plus de mystères. Enfin, un médecin conseillerait au corps les excursions que je recommande à l'esprit. Elles seront complètes si, à l'archéologie, on réunit un peu de botanique et de géologie.

L'homme heureux doublera ses jouissances ; l'homme malheureux, qui n'a connu du destin qu'une douloureuse fatalité, et des hommes que la calomnie, trouvera un adoucissement à ses peines.

Mais ces consolations se changeront en un pur et noble plaisir, s'il essaie, comme moi, d'être agréable, sinon utile, et de rendre ainsi le bien pour le mal.

MORET, avocat.

NOTRE-DAME-LA-GRANDE,

A POITIERS.

FAÇADE ET DÉTAILS.

C'est une bonne fortune de commencer une topographie par Poitiers, et une notice d'archéologie par *Notre-Dame-la-Grande*. La ville est un musée de monumens de divers siècles ; le temple est un chef-d'œuvre des artistes byzantins. Débuter par la capitale du Poitou, c'est donc inaugurer dignement une collection de lithographies et de notices sur le moyen-âge.

Mais à côté de la richesse du sujet, on rencontre la difficulté du choix et la brièveté du texte.

> Il faudrait un volume, et je n'ai qu'une page;
> Il faudrait une année, et je n'ai qu'un moment!

Mes lecteurs me pardonneront donc la rapidité de la narration et la sécheresse des descriptions, conséquences forcées des bornes qui me sont imposées[1].

Poitiers était une ancienne cité fortifiée des Gaulois, déjà célèbre dans le temps de César sous le nom de *Limonum ;* elle s'attacha sans réserve aux Romains qu'elle eut le tort de servir même contre ses compatriotes. Pillée par les barbares sous les faibles successeurs occidentaux de Constantin, ravagée et soumise par les Visigoths, elle appartint enfin par droit de conquête à Clovis, vainqueur d'Alaric.

Poitiers fut témoin de la fameuse bataille livrée au roi Hispano-Arabe Abdérame, par Eudes, duc d'Aquitaine et Charles de France son allié. Les envahisseurs furent défaits, comme chacun sait, et le lieutenant des Califes fut tué. Charles fut surnommé Martel parce qu'il avait écrasé ses ennemis, comme le marteau sur l'enclume ; cependant il est difficile de croire les historiens qui jonchent le terrein des cadavres de 360,000 ennemis, puisque Charles n'osa poursuivre l'armée musulmane dans sa retraite sur les Pyrénées.

Si, dans ce grand choc, le sultan de Cordoue avait été victorieux, si le croissant eût abattu

---

[1] Il eût paru plus convenable, chronologiquement parlant, de commencer ce texte par Saint-Germain-des Prés ; mais l'auteur exposera ses motifs pour agir autrement, dans une dernière note, en classant, aussi rigoureusement que possible, les divers monumens contenus dans ce recueil.

MORET

la croix, c'en eût été fait de l'Europe chrétienne. La foi catholique se serait couchée toute entière dans la tombe sanglante de Charles-Martel. Sous le rapport de la civilisation, reconnaissons le avec la bonne foi d'un observateur impartial, la France y aurait peut-être gagné. Les sciences qui instruisent, et les arts qui embellissent la vie, étaient déjà portés à un haut point de perfection chez les Arabes alors que les Sicambres et leurs rois chevelus n'étaient encore que des barbares. L'Islamisme implanté en France aurait pénétré dans l'Angleterre par les Normands devenus musulmans eux-mêmes pendant leur séjour dans la Neustrie. Aujourd'hui, ce serait la vieille et poétique civilisation orientale qui gouvernerait le monde d'où la chasse chaque jour la nouvelle et prosaïque civilisation de l'Occident.

La défaite d'Abdérame est donc l'événement politique et militaire le plus important selon moi, depuis que l'histoire enregistre les actions des hommes et des peuples modernes.

Cette première bataille de Poitiers, sous Charles-Martel, était la lutte universelle du Nord contre le midi, du Christ contre Mahomet ; la seconde, celle de Maupertuis, fut celle de la France contre l'Angleterre : 60,000 hommes furent vaincus par une armée cinq fois plus faible. Le courage était égal, mais l'habileté du général et la discipline des soldats devaient triompher. Joignez-y les prodiges du désespoir ; la retraite était coupée, la paix refusée, il ne restait aux Anglais que la mort ou la victoire.

Una salus.... . nullam sperare salutem !

A Poitiers, le malheureux Jean, blessé deux fois au visage, rendit son épée à un gentilhomme français nommé de Morbec, comme François Ier sous les murs de Pavie à Pompéran. Si la bravoure personnelle jette un voile assez épais pour couvrir la vanité, l'entêtement et l'incapacité, les deux rois eurent le droit de s'écrier également dans ces journées de deuil : *Tout est perdu, fors l'honneur !*

Dans les temps malheureux qui suivirent les désastres de Crecy, de Poitiers et d'Azincourt, les Anglais, maîtres de Paris et d'une grande partie de la France, furent sur le point de s'emparer du reste et de nous rapporter la race Normande que nous avions importée dans leur île. Ils pouvaient nommer avec dérision Charles VII roi de Poitiers, plutôt que roi de Bourges, puisque ce prince fit son séjour habituel de la première ville pendant quatorze ans, et qu'il y transféra même sa cour du parlement.

En 1562, après le massacre de Vassy, les protestans s'emparèrent de Poitiers qui embrassa chaudement la réforme. Les convertis, dans l'ardeur de leur zèle, renversèrent une partie des églises, et détruisirent les saints et les reliques ; les catholiques le leur rendirent bien à leur tour. Devenus maîtres de la ville, sous les ordres du maréchal de Saint-André, ils vengèrent la ruine des objets inanimés par le pillage et la mort des vivans. Le maire et les notables furent pendus ; nombre d'hommes, de femmes et d'enfans furent égorgés ; et Poitiers, dont l'enceinte avait été agrandie pendant le séjour de Charles VII, fut si cruellement dépeuplé, qu'il est resté désert depuis ! De Serres rapporte même qu'un des soldats du maréchal « *fit une fri-* » *cassée d'oreilles d'hommes, conviant à ce banquet quelques siens compagnons où les blasphèmes* » *furent prononcés si horribles qu'ils ne peuvent s'écrire.* » O beaux jours de Thyeste, vous étiez revenus !

C'est aussi dans Poitiers qu'Urbain Grandier fut jugé, condamné et brûlé vif pour avoir ensorcelé les religieuses de Loudun !

En vérité. lorsqu'on retrace ces horreurs, on est tenté de s'écrier avec Lucrèce : « *Tantum*
» *potuit religio suadere malorum !*

Mais la réflexion nous arrête et nous apprend seulement à gémir sur la cruauté des hommes
qui savent tirer ces effroyables actions des dogmes de la plus pure , de la plus sainte et de la
plus tendre des religions.

Poitiers est une des plus grandes villes de France , mais, ainsi que nous venons de le dire ,
il n'est pas peuplé en raison de son étendue; le dénombrement de 1832 ne lui donne que
23,128 habitans. Les maisons sont mal bâties, les rues étroites et rapides, les pavés incommodes ;
enfin d'immenses jardins et des champs cultivés rompent l'harmonie de l'ensemble et augmentent
la tristesse de ce désert habité.

La part du mal faite, voici le bien :

La capitale du Poitou est bâtie et se développe sur les versans d'une large colline qui s'élève
en amphithéâtre au milieu de deux rians vallons; des édifices multipliés s'élancent comme des
mâts au milieu d'un océan de maisons ; une ceinture de murailles féodales arrondit ses courtines,
et élève çà et là ses tours pittoresques ; le Clain et la Boivre entourent de trois côtés et rafraî-
chissent de leurs eaux les remparts, les promenades, les habitations et les usines dont elles
baignent le pied ; enfin, la nature a placé comme à plaisir , le coteau des dunes en face de cet
admirable tableau, toujours mobile et nouveau sous le jeu de la lumière et des ombres!

Dans la vaste enceinte de la cité, on trouve réunis les monumens divers de tous les peuples
qui ont successivement foulé le sol antique des *Pictones*. Les Celtes y ont laissé leur pierre-levée
ou Dolmen ; les Romains leurs aqueducs et leurs amphithéâtres ; les Gallo-Romains leur temple
de Saint-Jean ; les Francs féodaux leurs murailles, leurs ponts fortifiés et leurs palais avec les
statues des sept vicomtés du vieux Poitou. Tous les caractères d'architecture y sont mêlés également. Le style roman a produit Saint-Hilaire et Saint-Porchaire; le style byzantin Notre-
Dame-la-Grande et Sainte-Radegonde ; le style ogival, la cathédrale de Saint-Pierre et la salle
des Pas-Perdus au palais ; en un mot, si Fontainebleau a été ingénieusement nommé un rendez-
vous de châteaux royaux, Poitiers peut être appelé le rendez-vous des temples de toutes les
nations qui ont habité les Gaules.

Notre-Dame-la-Grande de Poitiers est, avec les églises de Saint-Gilles et Saint-Trophime à
Arles , et de Civray, dans le département de la Vienne , le spécimen le plus parfait de l'architecture grecque du Bas-Empire en France , comme Saint-Vital de Ravennes est en Italie la plus
belle fleur de la couronne byzantine. La forme de Notre-Dame est celle d'une basilique antique
dont le caractère est altéré par des chapelles circulaires ajoutées au chœur dans le XVe siècle.

La façade est la partie la plus intéressante de Notre-Dame-la-Grande. On y trouve dans les
sculptures, les chapiteaux et les moulures, la pureté du style byzantin , terme moyen entre le
Romain et le Roman , moins pesant que le second, moins classique aussi que le premier. Cette
façade présente plusieurs singularités ; la réunion d'une porte centrale à plein cintre et de deux
portes latérales à ogives subdivisées par des arcades semi-circulaires ; une double frise à modillons pour séparer les étages; un appareil en disque de pierres entourées d'un ciment rouge, etc.
La sculpture a répandu avec profusion ses richesses sur cette façade ; toutes les surfaces lisses
disparaissent sous les arcades , les reliefs et les colonnes; le gable même est composé d'un double
fronton brisé. On y a placé une grande figure du Christ accompagné des attributs des quatre
Évangélistes et surmonté d'un chœur d'Anges.

Les personnages nombreux qui se profilent sur cette vaste page, ont conservé l'empreinte évidente du ciseau des artistes venus directement de Constantinople ou de l'Italie, dans le XIIᵉ siècle, qui ont laissé de si glorieuses traces dans l'Ouest de la France, et qui appartiennent tous à l'école byzantine. Les figures n'ont ni la pureté classique de l'Hellénie, ni la desharmonie de formes des sculptures romanes, tertiaires ou gothiques.

Mais on ne l'a pas assez remarqué, l'incorrection des statues de cet âge dont les portails latéraux de Chartres et de Bourges, ainsi que le *Narthex* de Vezelay offrent un si célèbre *spécimen* est préméditée. La longueur des bustes et des jambes, l'immobilité des bras toujours collés au corps; la sécheresse des chairs qui recouvrent à peine les muscles et les os; ce type grossier, en apparence, est admirable de profondeur de pensée, et saisissant d'effet dans les masses. C'est le jeûne, c'est la macération monastique, c'est la prière chrétienne personnifiée; c'est un mythe en action, c'est le symbole religieux et le résumé de tout le moyen-âge catholique.

Deux clochetons fort élégans accompagnent la façade de Notre-Dame-la-Grande; ils étaient très-rares aussi à l'époque de sa construction. Les écailles du toit se relèvent, au lieu de s'abaisser selon l'usage; si cette disposition semble moins favorable à l'écoulement des eaux, elle est beaucoup plus agréable à l'œil. Mais on est péniblement affecté à la vue de deux dais gothiques, plus récemment ajoutés aux côtés de la fenêtre principale. Ce sont deux verrues sur un beau visage. Leur élégance ne rachète pas leur inconvenance, et le *non erat híc locus*, du latin des collèges en fait promptement justice.

Forcé de terminer cet article trop long, mais que j'ai écrit d'un trait avec un plaisir que je souhaiterais de voir partagé par mes lecteurs, il ne me reste qu'une ligne pour recommander un groupe de statues placé dans une des chapelles latérales, et disposé en retable. La tête du Christ surtout est d'une noble et touchante expression; on plaint l'homme et on admire le Dieu.

CHAPITEAUX DE L'ABBAYE DE SAINT-MICHEL DU CANIGOU.

L'abbaye de Saint-Michel de Cura fut fondée en 840, et son église bâtie dans le xᵉ siècle, selon quelques auteurs, et dans le xiiᵉ selon nous, car elle nous semble contemporaine de celle de Saint-Martin du Canigou bâtie en 1100, et de Saint-Michel de Lescure, construite en 1101, et de Moissac, élevée à cette époque. C'est la même ornementation générale, et la même architecture.

L'abbaye de Saint-Michel, située dans une vallée voisine de la ville de Prades (Pyrénées-Orientales), a été détruite en partie; il ne reste que le palais abbatial, deux tours dont la tête chenue est hérissée de plantes saxatiles, les gros murs du bas de la nef, et quelques arcades du cloître.

Les chapiteaux recueillis dans cet ouvrage sont intéressans; l'un, surtout, représente, comme dans les églises que je viens de citer, les vices punis et les coupables dévorés par des démons. Symboles utiles, peut-être, dans ces temps un peu rudes, pour ramener à la vertu par la frayeur de ces terribles sculptures d'une naïve et grossière énergie.

RUINES

L'ABBAYE DE JUMIÈGES.

On s'est toujours ingénié pour expliquer les noms des lieux célèbres, souvent dérivés d'une langue barbare ou d'un événement inconnu. On a torturé le grec et le latin, *à grands renforts de lunettes*, comme le dirait Rabelais, afin de trouver une origine illustre à des cités nécessairement ignorées, pour la plupart, au moment de leur fondation. Ainsi, l'honnête *petite ville* de Montargis, peu satisfaite de l'illustration réelle qu'elle devait à Picard, prétend encore être le *Mont-d'Argus*, du chef du gardien cent-oculaire de la nymphe Io !

Les auteurs se sont donc exercés sur l'étymologie de Jumièges ; les uns la font dériver de *Gemma*, pierre précieuse, parce que l'abbaye était la perle des maisons conventuelles, les autres de *Gemitus, Gemere*, parce que les religieux y versaient d'abondantes larmes et y poussaient de longs gémissemens. Je laisse le choix à mes lecteurs.

Mais s'ils adoptent la dernière origine, ils ne trouveront aucun contraste entre les douleurs d'autrefois et la désolation d'aujourd'hui. Il suffit de jeter les yeux sur la lithographie de ce recueil pour voir que des ruines ont succédé à un majestueux édifice, la solitude à la population des cloîtres, et la destruction à la création et à la vie !

Fondée en 654, par saint Filibert, dans une presqu'île d'une lieue et demie de long sur une demi-lieue de large, formée par les nombreux méandres de la Seine qui s'éloigne avec peine des beaux lieux qu'elle arrose et fertilise, l'abbaye de Jumièges était appelée, sous la première race, *l'Abbaye des Énervés.*

Un vieux manuscrit, attribué par M. Deshayes, auteur d'une histoire récente de Jumièges, à dom Langlois, premier prieur, après la réforme de Saint-Maur, raconte ainsi, dans un récit que nous abrégeons, cette fabuleuse histoire.

L'auteur rapporte d'abord que Clovis II, fils de Dagobert, avait épousé une princesse saxonne, Bathilde, ou Baudour, qui lui donna cinq enfans dont les deux aînés, pendant une absence de leur père, se soulevèrent contre lui, assemblèrent des forces nombreuses, le combattirent à son retour, et furent vaincus. Le roi laissa le choix des supplices à leur mère ; c'était une rude tâche :

Devine si tu peux, et choisis si tu l'oses !

Mais la Brutus saxonne ne se laissa pas abattre, et, « inspirée par l'esprit de Dieu, qui ne

4

» pouvait laisser un tel excez impuni, aimant mieux que ses enfants fussent punis en leur corps
» que d'estre réservez aux supplices éternels, par une sévérité pitoyable et pour satisfaire aucu-
» nement à la justice divine, les déclara inhabiles à succéder à la couronne, et d'autant que la
» force et la puissance corporelle qui leur avait servi pour s'élever contre leur père, consiste
» aux nerfs, ordonna qu'ils leurs seraient coupez aux bras ; et rendus impotents, les fait mettre
» dans une petite nacelle ou bateau, avec vivres, sur la rivière de Seine, sans gouvernail ou
» aviron. assistez seulement d'un serviteur pour leur administrer leurs nécessitez ; remettant le
» tout à la miséricorde de Dieu, soubs la conduite duquel ce bateau dévalla tant sur la rivière
» de Seine, qu'il parvint en Neustrie, et s'arrêta au rivage d'un monastère appelé des anciens
» Gémiéges, commencé à fonder par le roy Dagobert, dont saint Filibert en estant adverti,
» les alla trouver, accompagné de ses religieux, seut quels ils étaient, la cause de un tel événe-
» ment, et, admirant leur contenance et maintien tout auguste, les receut gracieusement et les
» mena en son monastère, où, par ses prières, recouvrèrent leur santé et furent instruits à la
» discipline monastique et vie spirituelle. »

Clovis et Bathilde pardonnèrent à leurs fils qui restèrent dans l'abbaye, dont les possessions et les privilèges furent notablement augmentés. De plus, afin de tenir lieu aux deux religieux royaux de leur part dans la couronne de France, on leur abandonna le quart des revenus de la couronne, dont ils firent don à Jumièges.

Pour rendre authentique cette édition au petit pied de la donation de Constantin, les abbés firent ériger depuis un tombeau dans l'église. Les princes étaient représentés couverts de manteaux *fleurdelisés* (par un anachronisme de cinq siècles), et ceints d'un diadême enrichi de pierreries.

On lisait sur la table l'épitaphe suivante, en vers léonins :

> *Hic in honore Dei requiescit stirps Clodovei*
> *Patrix, bellica gens bella salutis agens :*
> *Ad votum matris Bathildis pœnituere*
> *Pro proprio scelere proque labore patris.*

Ces vers ont été traduits librement :

> En l'honneur du Très-Haut, reposent en ces lieux
> Du valeureux Clovis les enfans belliqueux,
> Venus, selon le vœu de Bathilde leur mère,
> Se repentir ici d'avoir trahi leur père.

Sur la porte du cloître on avait inscrit ces deux vers qui me semblent donner la meilleure étymologie de Jumièges (*Gemetica*) d'après l'ancienneté de la narration, vraie ou non :

> *Gemegia, ex natis Clodovei dicta gemellis,*
> *Aucta refulgebat nongentis fratribus olim.*

Ce monument attribué aux *énervés* ou mieux aux *émusclés*, pour parler physiologique-ment, a été retrouvé en 1830, il est d'un véritable intérêt pour l'histoire de l'art, qu'il appar-tienne à ces prétendus fils de Clovis, ou à ceux de Carloman frère de Pépin le bref, ou enfin à Tassillon duc de Bavière et à Théodon. Notre tâche limitée ne nous permet pas d'entreprendre l'examen de ces problêmes historiques, mais nous leur devons du moins un des beaux tableaux de nos derniers salons d'exposition.

Le monastère de Jumièges fut brûlé par les Normands en 840, et rétabli par Guillaume-Longue-Épée fils de Rollon. Ce second duc de Normandie, dit la chronique, dans une chasse auprès des ruines de l'abbaye, trouva deux anciens religieux qui lui racontèrent leurs désastres et lui offrirent de partager le pain d'orge noir et l'eau qui composaient leur repas d'anachorètes. Le duc refusa dédaigneusement, et rentra dans la forêt; mais attaqué par un énorme sanglier qui rompit l'épieu du prince, il fut renversé privé de connaissance, sans recevoir toutefois aucune blessure dangereuse. Il pensa que cet accident était tout à la fois un avis et une punition du ciel. Il revint de suite vers les religieux, partagea leur modeste nourriture, leur promit la réédification de leur monastère, et tint immédiatement parole.

En 1450, la belle Agnès Sorel mourut au Mesnil, pendant que Charles VII assiégeait Harfleur, par suite de couches, et non par un empoisonnement dont fut si injustement accusé l'illustre Argentier de Bourges. Agnès avait légué son corps à Loches et son cœur à Jumièges, avec deux mille écus d'or, des tableaux, tapisseries, joyaux, etc. Son tombeau de marbre noir était surmonté d'une statue de marbre blanc représentant Agnès à genoux, offrant à la Vierge son cœur, et la suppliant de la réconcilier avec Dieu. Ce tombeau fut détruit en partie par les Calvinistes, au XVI° siècle.

Les moines de Jumièges, qui avaient reçu sans scrupule les bienfaits d'Agnès, en éprouvèrent tout-à-coup sur sa présence au milieu d'eux; pendant une visite de Louis XI à l'abbaye, ils crurent faire la cour à ce prince l'ennemi personnel d'Agnès qu'il avait même frappée au visage, avant son exil, en le priant de vouloir bien faire enlever de leur église ce monument, occasion de scandale pour eux: *J'y consens, dit le monarque, je vais donc faire reprendre le tombeau et les biens qu'Agnès vous a donnés.* Les scrupules furent calmés à l'instant, comme on le pense bien.

De longues et prétentieuses inscriptions en latin et en français couvraient les marbres funéraires; nous rapporterons seulement une épitaphe gravée sur la tranche du tombeau, parce qu'elle est la plus courte et la plus simple.

CY-GIT AGNÈS SURELLE,

NOBLE DAMOISELLE, EN SON VIVANT, DAME DE ROQUEFERREIRE, DE BEAUTÉ, D'ISSOUDUN ET DE VERNON-SUR-SEINE,

PITEUSE ENTRE TOUTES GENS,

QUI DE SES BIENS DONNAIT LARGEMENT AUX ÉGLISES ET AUX PAUVRES :

QUI TRÉPASSA LE IX° JOUR DE FÉVRIER, L'AN DE GRACE M. CCCC. XLIX.

PRIEZ DIEU POUR ELLE!

On sait combien la maîtresse de Charles VII a contribué à l'expulsion des Anglais en piquant la fierté de son royal amant, et en soutenant son courage. C'est surtout son amour pour son pays et sa haine pour l'étranger oppresseur, qui lui valurent l'épitaphe si conuue, de François Ier, dictée par un sentiment aussi honorable pour le roi chevalier que pour la dame de *Beauté*:

Icy dessous des belles gist l'élite.

Gentille Agnès, plus d'honneurs tu mérites,

La cause étant de France recouvrer,

Que ce que part dedans un cloître ouvrer,

Close nonnain ou bien dévot hermite.

L'abbaye de Jumièges, détruite à la révolution comme association religieuse, existait encore comme édifice dans son entier en 1810; les tours étaient de 930, la grande église de 940, et les diverses parties du cloître d'époques plus récentes qu'il est inutile de rapporter. Les deux clochers de la façade de cent cinquante-cinq pieds de haut, sont encore debout, et servent de phare pour les caboteurs de la Seine; mais l'un d'eux, celui du midi, a perdu sa toiture, et l'autre a besoin d'urgentes réparations que l'administration devrait s'empresser d'ordonner. Le toit de la nef et des collatéraux, trois côtés de la tour centrale sont tombés, et chaque jour voit un pan de murailles joncher le sol de ses débris. La grande église avait deux cent soixante-cinq pieds de long et soixante-trois de large; le chœur quarante-trois pieds et demi de long et trente-et-un de large, et enfin la chapelle de la Vierge soixante-trois pieds de long, vingt-sept de large et quarante de haut. La tour carrée du dôme s'élevait à cent-vingt-quatre pieds, et avait quarante-et-un pieds sur chaque face.

En 1821, on voyait encore au haut des murailles les statues colossales des quatre évangélistes, exécutées dans le xvıı^e siècle, d'un excellent travail, et un ange adorateur admiré par la beauté de ses formes et la puissance de l'expression. Ces chefs-d'œuvre ont été vendus alors aux Anglais qui, pour les arracher de la place où ils avaient été sculptés, ont percé les murailles avec lesquelles ils faisaient corps. C'est ainsi que nos voisins d'outre-mer nous enlèvent chaque jour nos plus beaux meubles de la renaissance, et qu'ils ont dépouillé Rouen en 1802, à la charge seulement de *clore les vides*, d'admirables vitraux des églises supprimées de Saint-Herblanc, Saint-Jean, Saint-Nicolas, Cande-le-Vieux, etc., dont une partie décore aujourd'hui la cathédrale d'York.....

En vérité, le vandalisme des Français fait mal au cœur; je n'ai pas la force de rentrer dans les ruines de Jumièges. Je tourne le dos à cette immense carrière de sculptures, de chapiteaux, de corniches, de colonnes, d'arcades, et j'abandonne tristement la péninsule ou *terre Gémétique*. Je n'ose plus faire de plaintes artistiques : on en rirait, mais par amour pour mon pays, je veux au moins, en quittant cette plage désolée, présenter une observation d'intérêt matériel. J'espère être mieux écouté en parlant d'utilité publique, en sacrifiant au *Baal* moderne, dans un ouvrage artistique.

Le grand Vauban, qui s'était beaucoup occupé de projets d'améliorations pour la basse-Seine, avait proposé un canal qui aurait changé la péninsule de Jumièges en une île, et évité, par un simple trajet d'un quart de lieue, entre Saint-Paul et Yainville, un énorme contour de cinq lieues dans un endroit de difficile navigation.

Le roi, dans son discours d'ouverture aux Chambres, parlera, dit-on, des routes, des chemins de fer, des rivières, et l'on annonce que, par une heureuse innovation, les fonds de *l'amortissement* seront consacrés dorénavant aux travaux publics. Nous avons donc tout lieu d'espérer que les ministres réaliseront ces promesses, et que, pour une dépense d'un million au plus, on abrégera de cinq lieues le cours de la Seine, que Napoléon appelait si justement *la grande rue entre Paris, Rouen et le Hâvre!*

CHAPITEAUX

DE

L'ÉGLISE SAINT-GERMAIN-DES-PRÉS,

A PARIS.

FENÊTRE DE L'ÉGLISE DE CIVRAY.

CHAPITEAUX DE SAINT-GERMAIN.

Le Moyen-Age pittoresque est rattaché par les éditeurs aux *Souvenirs du Vieux Paris*, qu'ils ont déjà publié. Nous renvoyons donc nos lecteurs à la description complète de Saint-Germain-des-Prés, donnée dans le premier ouvrage par M. Huyot architecte. Il serait difficile de dire autrement sans dire plus mal, et ce serait payer trop chèrement une redondance.

Remarquons seulement, dans l'intérêt de l'avenir municipal de Paris, le stupide usage que l'on a fait du vaste emplacement de l'abbaye Saint-Germain; non-seulement on a détruit de très-beaux édifices, curieux pour l'histoire et intéressans pour l'art, tels que le cloître, la biblio-thèque, le réfectoire, pour les remplacer par des maisons privées, mais encore on n'a ménagé ni place principale, ni espace latéral, ni promenade, ni rue convenable autour de cette ancienne basilique. Bien plus, on a laissé construire des habitations bourgeoises énormément hautes, adossées au flanc septentrionnal de l'église, et dont la masse empêche l'œil d'en saisir le déve-loppement extérieur, et à l'intérieur ôte le jour à la partie correspondante de la nef.

Nous nous associons aux éloges donnés par M. Huyot à son confrère M. Godde, chargé de la dangereuse restauration de Saint-Germain. Mais nous exprimons plus fortement les regrets que nous inspirent la destruction des deux tours qui flanquaient les portails du midi et du nord. Ces deux clochers dus à la libéralité de l'abbé Morard, et construits en 990, étaient remarquables par leur élévation, leur style roman pur, et leurs pyramides à quatre pans, types fort anciens, bien que la couverture eût été renouvelée.

La perspective aérienne de la capitale était embellie par les trois campanilles, colosses du vieux temps, qui dominaient les générations nouvelles; placées sur un point assez élevé du fau-bourg auquel leur église a donné son nom, ils présentaient seuls, à Paris, ce nombre et cette forme architectonique.

Nous ne sommes pas convaincus de l'indispensable nécessité de les abattre jusqu'à la corniche

5

du toit de l'église, et d'en boucher les fenêtres de manière à n'en faire qu'un bloc grossier de maçonnerie. M. Godde, qui avait soutenu dans les airs la nef toute entière, et l'avait reprise en sous-œuvre, aurait trouvé aisément dans son art et son talent, les moyens de conserver les deux flèches latérales, s'il l'avait sérieusement voulu. Leur perte est d'autant plus regrettable qu'on construit les églises actuelles sans tours, ou qu'elles sont surmontées d'un ignoble pigeonnier ; exemples des premières, la Madeleine, qui serait tout aussi bien un temple profane et une salle de concert qu'une église ; Saint-Pierre au Gros-Caillou, édifié par M. Godde lui-même : exemples des secondes, Saint-Louis-du-Sacrement et Notre-Dame-de-Lorette. Dans le campanille prétendu de ce dernier édifice les fenêtres sont fermées par des grillages, au lieu des auvens habituels, et l'œil dira toujours aux oreilles que les sons de la cloche qui appelle les fidèles à la prière, sont la voix d'un perroquet d'airain.

M. Huyot pense que l'abaissement des deux clochers de Saint-Germain est provisoire, et qu'ils seront bientôt rétablis. Dix ans sont écoulés et l'œuvre de destruction n'a pas été réparée. Le grand Opéra avait été remplacé momentanément par le théâtre de la porte Saint-Martin d'abord, puis par celui de la rue Pelletier. La première salle dure depuis soixante, la seconde depuis quinze ans, et rien ne sera changé maintenant. A Paris, le *provisoire* est, à vrai dire, l'*immuable*, il enterre vingt générations !

Mais repassons la Seine, et retournons à Saint-Germain-des-Prés pour faire observer que les chapiteaux reproduits dans la lithographie sont évidemment de deux caractères, les uns appartiennent au style roman secondaire, et les autres au roman moderne bâtard. Ceux-ci, assez délicatement fouillés, ont été travaillés probablement ou dans la grande restauration de 1646, ou postérieurement, sous les directions successives des architectes Gomard, Leveau, Gitard, Servandoni ou Chalgrin.

FENÊTRE DE L'ÉGLISE DE CIVRAY.

Chef-lieu de sous-préfecture du département de la Vienne, Civray, peuplé de 2,203 habitans, est situé dans un riche bassin de la Charente, et entouré de vastes prairies entrecoupées de peupliers, de saules et d'autres arbres amis des eaux.

Civray existait sous les empereurs romains ; cette petite ville a conservé de l'esprit guerrier de ses habitans, les ruines pittoresques d'un château fort, et de leur foi religieuse une église célèbre dont nous donnons ici une fenêtre encadrée dans le milieu de la façade.

Cette façade, du style byzantin le plus pur, présente un carré long, dont le gable a été détruit, avec des faisceaux de colonnes engagées dans le genre de celles qui se dessinent sur l'église de Ruffec. Deux étages percés de trois fenêtres à plein cintre, dont celles du milieu restent seules ouvertes, sont séparés par une corniche saillante à modillons, ornement peu commun dans les façades, ainsi que j'ai eu l'occasion de le faire remarquer. Les deux arcades latérales de l'étage inférieur sont divisées par deux arcades plus petites entourées par les grandes archivoltes. Disposition non moins singulière et de transition entre le deuxième roman ou byzantin et le premier style ogival, à moins que les deux arcades n'aient été ajoutées après coup, comme la maigreur et la pauvreté relative de leurs moulures semblerait l'indiquer.

Comme à Ruffec et à Poitiers, les archivoltes présentent une réunion d'ornemens variés ;

mais aux palmettes, aux feuillages, aux rinceaux d'une exquise ténuité, se mêlent çà et là des figurines délicatement travaillées.

Les artistes y voient l'origine des voussures à statuettes circulaires du xiiiᵉ siècle, comme ils trouvent dans les figures extérieures du clocher de Than près de Caen, le principe des crochets qui saillirent si fréquemment depuis sur les arrêtes des Pyramides octangulaires.

Dans la première archivolte, se dessinent les signes du zodiaque; le signe de la Vierge y manque: est-ce parce que sa pudeur n'aurait pu supporter la vue de ses voisins les deux gémeaux de sexe différent et dans une posture moins qu'équivoque?

Sur la seconde archivolte se déroulent des anges les ailes éployées et vêtus de longues robes orientales plissées.

Sur la troisième sont sculptées dix figures, dont cinq portent levée une coupe ou lampe que cinq autres tiennent baissée. Est-ce un mythe des vierges sages qui conservent la lumière, et des vierges folles qui l'éteignent? ou, au contraire, est-ce un emblême chrétien de la vie et de la mort? Nous laissons à d'autres le soin de le décider.

Au premier étage, la fenêtre centrale dont nous donnons le dessin, présente les mêmes caractères; on y voit également à l'archivolte supérieure, une ligne de statues; qu'on y ajoute en esprit les dais et les consoles, et voilà trouvées les voussures semi-circulaires des cathédrales gothiques dont les portiques latéraux de Chartres offrent le plus important modèle. Cette fenêtre me semble plus récente que la porte du rez-de-chaussée, bien que du même style; il faut que la construction ait été prolongée pendant un certain nombre d'années.

Les deux statues de grandeur naturelle qui accompagnent les piés-droits, sont mises à l'abri de l'intempérie des saisons par leur position en retraite et la saillie du cintre principal. Les artistes byzantins, comme on ne l'ignore pas, avaient des types généraux qu'ils reproduisaient avec variété dans les matériaux ou les proportions, mais avec immuabilité dans la forme et les attributs. Aussi on retrouve là saint Paul et saint Pierre reconnaissables l'un au front chauve, et l'autre aux cheveux frisés que les Grecs lui ont conservés en souvenir sans doute de sa première vie mondaine avant que les terribles paroles : *Saul, Saul, pourquoi me persécutes-tu?* l'eussent fait tomber payen la face contre terre et relever chrétien et apôtre.

L'arcade de gauche renferme un cheval gigantesque dont le cavalier a été brisé, est-ce encore une représentation de Paul avant sa conversion, ou n'était-ce que l'effigie d'un des fondateurs ou des bienfaiteurs de l'Église?

Enfin, l'arcade de droite contient une dixaine de figures sur deux rangs, dont les sujets sont inconnus sauf les quatre évangélistes signalés par leurs attributs. Mais les colonnes qui devraient soutenir la retombée des cintres sont remplacées par deux statues caryatides grossières et qui ne sont pas sans intérêt pour l'observateur.

La seconde ligne de modillons supporte une corniche très-saillante et qui termine et encadre le second étage de cette *délicieuse façade*. Qu'on me permette cette expression à moi archéologue enthousiaste, qui ai entendu mon professeur de mathématiques appeler élégantes et poétiques les démonstrations de ses problèmes algébriques. Je crois vraiment que le digne homme aurait volontiers inscrit sur la porte de son école les mots placés par Ronsard sur l'entrée de son cabinet : *voluptati et gratiis!* et de fait, les vers de l'un étaient aussi tendres que les théorêmes de l'autre.

L'intérieur de l'église de Civray est loin de répondre à la beauté du dehors. Le portail est encore un prospectus menteur; dans ce sens, il est bien placé au xixᵉ siècle.

SALLE CAPITULAIRE

DE

SAINT-GEORGES DE BOSCHERVILLE.

A trois lieues de Rouen, entre la route du Hâvre et les rives de la Seine, à gauche du voyageur, sur la pente douce d'une verte colline, à l'ombre d'une antique forêt, au-dessus d'un humble village qui s'étend en serpentant dans la vallée, se montre aux regards surpris un édifice religieux, imposant. La façade de l'église est accompagnée de deux sveltes campanilles, et au centre de la croix s'élève un clocher un peu lourd chargé d'une pyramide à quatre pans qui porte dans les airs le signe révéré de la rédemption.

Ce village, c'est Saint-Georges de Boscherville; cette église, c'est la fondation sainte de Raoul de Tancarville, chambellan de Guillaume-le-Conquérant.

Cet édifice doit sa naissance au mouvement de reconnaissance et de ferveur qui couvrit de basiliques l'Europe chrétienne au xie siècle. Une conviction étrange et terrible, dont on ne connaît qu'imparfaitement l'origine, s'était répandue partout dans ces temps où l'ignorance était la compagne habituelle de l'ardente foi. Le monde, disait-on, devait être détruit mille ans après la mort de Jésus-Christ. Le découragement et la crainte étaient universels, on laissait tomber en ruines les informes édifices de la race carlovingienne, et on se préparait au cataclysme redouté; mais l'année fatale passa, comme ses défuntes sœurs, avec des événemens vulgaires; à la frayeur succéda la confiance, à l'abattement une ardeur merveilleuse, et des temples s'élevèrent en tous lieux, portant vers le Très-Haut les actions de grâces de ses enfans conservés.

Je ne sais pas de temps, dit l'exact Mezeray en parlant de cette époque, *où l'on ait bâti plus d'églises et d'abbayes qu'en celui-là. Il n'y avait pas de seigneur qui ne se piquât de cette gloire; on renversait même toutes les vieilles églises pour en construire de nouvelles.*

Pour employer l'image énergique d'un auteur contemporain, on eût dit que le monde secouait ses vieux et sombres vêtemens pour se couvrir d'un blanc manteau d'églises.

M. Deville, à qui nous devons une excellente monographie sur Saint-Georges de Boscherville, rapporte les paroles qu'Orderic Vital place dans la bouche de Guillaume-le-Conquérant étendu sur son lit de mort :

Avec le secours de Dieu, neuf abbayes de moines qui avaient été fondées en Normandie par mes pères, ont, par mes soins, reçu de l'accroissement, et se sont glorieusement embellies des dons considérables que je leur ai faits. Depuis que je gouverne le duché, dix-sept couvens de moines et six de religieuses ont été bâtis : l'office divin s'y fait journellement avec pompe, et d'abondantes aumônes y sont distribuées pour l'amour du Roi suprême.

L'utilité de ces pieuses fondations, presque toutes renversées depuis par la main des hommes, sera fort contestée aujourd'hui ; cependant, cette manière d'envisager le sujet donnerait lieu à des observations sérieuses sur les temps, la population et les mœurs comparées. La vraie question, au reste, est celle-ci : des sommes immenses une fois consacrées à ces édifices asiles du culte, ornement de nos paysages, et trésors d'histoire, d'architecture et de statuaire, fallait-il détruire ces monumens, les vendre au seul prix du terrain et de la main-d'œuvre? La thèse ainsi posée, la réponse est évidente.

L'église de Saint-Georges de Boscherville, fondée en 1055, a la forme d'une croix latine ; sa longueur, dans œuvre, est de deux cent-quatre pieds ; sa largeur de cinquante-neuf pieds six pouces ; sa hauteur, sous voûte, de cinquante-neuf pieds trois pouces ; la croisée a quatre-vingt-quinze pieds de long, et chaque basse-nef vingt-six pieds cinq pouces de large. Le clocher central a cent quatre-vingt pieds de haut. Il est couvert d'un toît d'ardoises qui remplace la pyramide originairement bâtie en pierre, d'après les habitudes du temps, et les quatre clochetons dont on avait plus tard embelli ses angles.

Les murailles de l'église s'élèvent flanquées de contreforts peu saillans, comme la plupart des églises du Rhin et de l'Allemagne, et comme la cathédrale de Saint-Maurice à Angers. Ce ne fut que plus tard que l'exhaussement des voûtes amena ces piliers, ces pinacles, ces clochetons et ces arcs-boutans qui entourent l'édifice principal d'une forêt de flèches et d'aiguilles.

Le style général de l'architecture est austère, dans Saint-Georges de Boscherville ; toutes les arcades sont à plein cintre, et décorées d'archivoltes chargées de dents-de-scie, billettes, frettes rompues, zig-zags, pointes de diamans, damiers, etc., etc. Les deux campanilles de la façade et une seule fenêtre ogivale, font exception au caractère général de l'ornementation. Il est impossible de ne pas être frappé de l'effet grandiose des lignes architecturales de l'intérieur, et de l'harmonie des décorations. Pour la pureté de son style préservé de ces choquantes disparates qui déshonorent presque tous nos édifices religieux, Saint-Georges de Boscherville est un des monumens les plus intéressans et les mieux conservés de la France. Nos artistes modernes reprochent avec raison au roman de la pesanteur dans la maçonnerie, de la grossièreté dans la main-d'œuvre ; mais le roman et l'ogival sont admirables surtout pour le mérite de l'appropriation et de la grandeur, jamais on ne prendra une église de ce caractère pour une salle de spectacle ou de concert, et leurs tours ou flèches pour des pigeonniers. Je crois qu'il serait difficile d'en dire autant des édifices religieux construits depuis trente ans à Paris.

Quelques auteurs ont écrit que Guillaume-le-Conquérant était enterré à Saint-Georges de Boscherville ; mais des recherches récentes, et un manuscrit d'Orderic Vital retrouvé par les soins de M. Dubois, ancien bibliothécaire de la ville d'Alençon, ont déshérité cette noble église d'un illustre tombeau. C'est à Saint-Gervais de Rouen que furent déposés d'abord les restes du puissant prince qui, après avoir conquis un royaume, faillit manquer d'un cercueil ; c'est à Saint-Étienne de Caen qu'ils furent *ensépulturés* par la piété d'un des chevaliers du pays, nommé

Héluin, qui seul resta fidèle au triomphateur expiré, la plus rare et la plus sainte des fidélités. Boscherville conserva les tombes de la famille des Tancarville, ses fondateurs; on a découvert, il y a peu d'années, deux fosses en maçonnerie dont les parois, enduites de plâtre, étaient ornées de peintures encore fraîches et vives, et dans lesquelles reposaient des ossemens étonnés de revoir le jour. Parmi les objets intéressans renfermés dans les caveaux, nous mentionnerons un Christ portant dans ses bras un petit enfant nu, image symbolique, *animula*, du défunt.

Les vastes bâtimens de l'abbaye sont détruits, il reste seulement la salle capitulaire dont les détails sont l'objet de la planche lithographique ci-jointe.

Cette salle, bâtie dans la fin du xɪɪ⁰ siècle, a cinquante-et-un pieds neuf pouces de long, vingt-trois pieds cinq pouces de large, et dix pieds jusqu'au haut de la corniche qui supporte la retombée des voûtes.

La façade est élégante; elle est formée par trois arcades à jour supportées par des piliers carrés et flanqués par des colonnes. Les bas-reliefs qui décorent les chapiteaux présentent un double intérêt pour l'art, car leur sculpture est déjà mieux exécutée que celle de l'église; pour l'étude des mœurs, car ses sujets sont allégoriques en partie. On y trouve un âne assis sur ses pieds de derrière, et pinçant de la harpe comme la truie.... *puisqu'il faut l'appeler par son nom*, qui est représentée à la cathédrale de Laon, et le fameux *âne qui vielle* placé sur les contreforts de la façade à Chartres.

Le quadrupède musicien de Boscherville avait été couvert, dans l'origine, d'une couche épaisse de rouge sang-de-bœuf, comme celui de Chartres, et l'on aurait pu lui appliquer l'épigramme versifiée qui nous a été conservée par mon confrère Doublet.

> Ce pauvre animal était nu;
> La nuit une main bienfaisante,
> D'écarlate l'a revêtu,
> Mais d'une façon peu séante:
> Je crois que de cet animal,
> On voulait faire un cardinal.

Soit que l'on veuille voir, comme M. Michelet, dans ces représentations d'animaux grotesques *le monde fatal du paganisme grimaçant en mille figures équivoques de bêtes hideuses*, ou soit qu'on y voie simplement, comme je le crois, une satire personnifiée des vices du temps, ces sculptures n'en méritent pas moins quelque examen.

Le voyageur à Boscherville devra porter aussi son attention sur les trois statues qui sont adossées aux colonnes extérieures de la salle capitulaire; chacune d'elles tient une légende ou *Philactère*. La seconde est la plus curieuse; on lit sur le bandeau déroulé:

> *EGO MORS HOMINEM JUGULO CORRIPIO.*
> MOI, LA MORT, JE SAISIS L'HOMME A LA GORGE.

Cette étrange figure est en effet celle de *la mort*, en habits de femme; mais il y a de l'incohérence entre l'idée de l'artiste et sa réalisation; car, cette femme qui se coupe à elle-même le col avec un large coutelas, rappelle plutôt la pensée du suicide que celle de *la mort*, représentée plus convenablement chez nous par un squelette armé d'une faux, et chez les Anglais par un archer tenant son arme et une flèche.

Deux autres coutelas de boucher sont aussi sculptés sur la robe de la statue de Boscherville, et sa chevelure hérissée et drue rappelle la tête de Méduse, et en fait une espèce de Gorgone chrétienne.

En résumé, nous recommandons vivement aux amateurs l'étude de l'ancienne abbatiale de Saint-Georges de Boscherville, devenue la paroisse du village. Son principal mérite, c'est l'unité. Elle est pure de toutes les souillures de l'art moderne, déguisées sous le nom de réparations ou embellissemens; *it is chaste*, disent les Anglais : *elle est vierge;* puissent les administrateurs du pays et du département respecter toujours sa chasteté!

ABBAYE DE LA TRINITÉ

ET

ÉGLISE SAINT-PIERRE,

A CAEN.

Caen, d'après les auteurs, est formé des débris d'une ancienne ville, *Civitas Viducassium*, que les Romains avaient décorée de nombreux édifices, et qui fut détruite par les Normands dans leurs premières invasions en France.

Selon les étymologistes, le nom de Caen, qui est loin d'être euphonique, dérive de *Cathom*, en saxon, *demeure de guerre*. Je ne le conteste pas, mais je dirai seulement, avec un de nos poètes, à ces érudits, en me permettant une légère altération :

Alphana vient d'Equus sans doute,
Mais qu'il a changé sur la route !

Caen fit partie de la cession consentie par le faible Charles-le-Simple, au puissant Rhou que nous avons baptisé, grammaticalement et religieusement à la fois, du nom de Rollon.

Guillaume-le-Conquérant et son épouse Mathilde firent un assez long séjour à Caen. Ils fondèrent, le premier, l'église de Saint-Étienne, dite l'Abbaye aux Hommes, où le monarque neustro-breton est enterré, et la seconde, l'église de la Sainte-Trinité, dite l'Abbaye aux Dames, dans laquelle la princesse fut ensevelie par un singulier parallelisme de construction et de sépulture.

Devenu la capitale de la Basse-Normandie, Caen fut attaqué, pris et saccagé par Édouard III, en 1346, et repris une seconde fois par les Anglais en 1417. Le duc de Sommerset y tenait garnison avec quatre mille hommes en 1450; il se rendit au brave Dunois qui aurait rendu illustre le nom de bâtard, si les mœurs du temps n'avaient été fort indulgentes sur ce point, témoin le grand bâtard de Bourgogne.

Caen est situé dans une vaste plaine entre de belles prairies arrosées par l'Odon et un port sur l'Orne. La ville et le conseil général viennent de voter un million, destiné à canaliser cette dernière rivière jusqu'à la mer; le Gouvernement doit en fournir autant. Il y a lieu d'espérer que cette amélioration si désirée permettra aux navires de cinq cents tonneaux de remonter jusqu'aux quais de la cité, enrichie et décorée tout ensemble.

L'aspect de Caen, sur la route de Paris, est magnifique; la ville se développe sur une longueur de mille cinq cents toises, au milieu des deux vallons baignés par l'Orne et l'Odon; le

7

coteau de droite supporte avec orgueil l'Abbaye-aux-Dames, le mamelon du centre, le vieux château; et depuis le faubourg de Vauxcelles, dont l'église présente une façade curieuse, jusqu'au faubourg de Bayeux, la vue se promène sur un océan de maisons sur lesquelles s'élèvent comme des mâts les flèches jumelles de Saint-Étienne, la pyramide de Saint-Pierre, la tour et le dôme inachevé de Saint-Jean, les clochers de Saint-Sauveur, de Saint-Nicolas, de Saint-Étienne-le-Viel, de Saint-Gilles et de Notre-Dame. Des boulevards qui ont remplacé les fortifications détruites, et d'autres longues promenades environnent la ville de leur ceinture ombreuse, et coupent par leurs lignes verdoyantes l'uniformité des maisons répandues sur cette immense surface.

L'intérieur de Caen répond à sa vue extérieure; les rues sont larges, les maisons bien bâties et les places multipliées. Une administration municipale active y répand les améliorations, appelle le commerce et conserve avec soin les nombreux monumens qui décorent la cité, et dont la description demanderait une publication spéciale.

La lithographie qui illustre ce texte reproduit deux édifices importans, l'abside de l'église paroissiale de Saint-Pierre, et l'église de la Trinité.

ABBAYE DE LA TRINITÉ.

L'ABBAYE DE LA SAINTE-TRINITÉ est un vaste édifice en croix latine, construit dans le xie siècle, d'un seul jet, portail jusqu'à la naissance des tours, nef, chœur et transepts. Cette église forme un ensemble pur et majestueux. C'est là qu'on peut étudier le génie du roman secondaire, dans sa puissance et sa solidité. Naguère cette antique basilique appartenait à l'hospice dont les malades ont remplacé les religieuses cloîtrées; mais la ville s'est chargée de son entretien, et l'a destinée à remplacer la paroisse Saint-Gilles, trop petite pour ses nombreux fidèles.

Le dé extérieur de la tour centrale, battu par les vents et les orages, menaçait ruine; de bonnes raisons n'eussent pas manqué à M. Gay, architecte, pour l'abattre comme M. Godde, si cavalier avec Saint-Germain-des-Prés; mais il n'a pas porté une main hardie et presque sacrilége sur cette sommité du temple; il a su, au contraire, la conserver par d'ingénieux travaux, et, dans les réparations intérieures, il a respecté de même le style général. M. Gay, à Caen, et M. Macquet, chargé de la restauration de Saint-Bénigne, à Dijon, sont des architectes de goût et scrupuleux à donner pour exemple à des confrères si familiers avec d'antiques monumens.

Les deux tours me semblent avoir été construites en même temps que l'édifice entier, seulement jusqu'à la hauteur des contreforts; quant au dernier étage, composé de fenêtres à plein cintré plus élancées et plus multipliées, il est évidemment postérieur, et les consoles et la galerie forment un désaccord plus fâcheux encore avec la façade.

On entre dans l'église par une belle porte circulaire dont les archivoltes sont chargées des ornemens du temps, zig-zags, frettes rompues, têtes de clous, etc: Deux arcades correspondantes s'arrondissent au pied des tours qui, élevées de cent-vingt pieds environ, exagèrent les qualités de l'église. Celle-ci est solide, celles-là sont pesantes, et, privées de larges ouvertures et d'auvens, elles semblent deux soubassemens veufs de leurs pyramides.

Dans l'intérieur, sur un rang d'arcades à pieds droits flanqués de demi-colonnes engagées, premier rudiment des faisceaux de colonnes qui allaient bientôt les remplacer dans les nouveaux temples, règne une galerie massive; mais le troisième étage, composé d'une arcade au milieu de deux arcades plus petites soutenues par des colonnes surmontées de grands chapiteaux arrondis, présente un caractère original plus léger et plus gracieux.

Le sanctuaire, élevé de plusieurs marches, et terminé circulairement par un double rang de fenêtres à colonnes, supportant une demi-coupole peinte à fresque, est une reproduction fidèle des derniers prétoires devenus les premières basiliques romaines. Cette forme est ressuscitée aujourd'hui, et uniquement employée dans les nouvelles églises de Paris. Les architectes actuels ne nous semblent pas avoir pris pour maxime le vers si connu :

Il nous faut du nouveau n'en fût-il plus au monde.

Et ce ne sont pas eux qui démentiront le symbole greco-égyptien du serpent mordant sa queue.

Nous signalerons à l'étude des archéologues, les chapiteaux de l'église de la Trinité ; ils sont aussi curieux que ceux de l'église de la Madeleine à Vezelay, que je m'étonne de voir ignorés, et dont les diverses figures représentent des mythes allégoriques et moraux.

La reine Mathilde, femme de Guillaume-le-Conquérant, dormait, depuis l'année 1088, dans un mausolée élevé au milieu du chœur, mais elle fut réveillée en 1562, par un sacrilège. Les protestans pillèrent les ornemens et les richesses de ce tombeau, dispersèrent les ossemens de la fondatrice, et détruisirent les marbres, à l'exception d'une pierre funéraire qui a été replacée en 1819 par M. le comte de Montlivaut, préfet du Calvados.

Voici l'inscription gravée en caractères du xve siècle, et en vers léonins qui ont précédé les rimes françaises.

Egregiè pulchri tegit hæc structura sepulchri
Moribus insignem , Germen regale, Mathildem.
Dux Flaudrita pater, huic extitit, Adala mater,
Francorum gentis Roberti filia regis ,
Et soror Henrici, regali sede potiti.
Regi magnifico Willelmo juncta marito
Præsentem sedem regenter fecit et œdem
Tam multis terris quam multis rebus honestis
A se ditatam, se procurante dicatam.
Hæc consolatrix inopum , pietatis amatrix ,
Gazis dispersis, pauper sibi , dives egenis ,
Sic infinitæ petiit consortia vitæ
In prima mensis , post primam , luce novembris.

1088.

M. de Bras, poète moins élégant qu'annaliste exact, a versifié cette épitaphe avec fermeté, car il n'a craint ni les vices de césure, ni les hiatus, ni le non croisement des rimes : il est vrai que Malherbe *était à peine venu*.

Nous donnons sa traduction pour nos lectrices, si nous avons le bonheur de ne pas effrayer les dames par la gravité de notre sujet, et dans la pensée qu'elles s'intéresseront à une princesse honneur de leur sexe.

Ce somptueux tombeau couvre Matilde Royne,
Fille au comte de Flandre et d'Alison de France,
Fille au bon roi Robert ; jointe par alliance
Au roi Guillaume duc des Normands et du Maine ;

Du roi Henri fut sœur ; puis preint soigneuse peine
A bâtir ce beau temple , y donnant grand finance ,
Fiefs, jardins et manoirs , terres en abondance;
Tous ces biens elle fit de dévotion pleine.
Les pauvres consoloit , aimoit religion ,
Distribuoit ses biens avec dévotion
Aux nécessiteux riche et pauvre quant à elle;
Ainsi usa sa vie en dame de vertu ,
Le second de novembre ayant tant combattu ,
Qu'à Dieu rend son esprit en triomphe éternelle.

Avant de quitter l'église de la Trinité, il ne nous reste plus qu'à descendre dans la crypte placée sous le chœur. Cette chapelle, soutenue par trente-quatre colonnes, est éclairée par d'étroits soupiraux. Si ces cryptes sont un souvenir, comme on le prétend, des grottes et des catacombes où les premiers chrétiens cachaient leur culte, il n'y a pas moins loin d'elles à Saint-Pierre de Rome que des apôtres au prince de l'Église, vicaire du Christ sur la terre et couvert d'une triple couronne.

ÉGLISE SAINT-PIERRE.

L'Église Saint-Pierre a été l'œuvre successive de quatre siècles, la tour, une partie de la nef et les trois portails furent construits en 1308. Le clocher, tout en pierre, a 222 pieds de haut, le *Square*, ou la tour proprement dite, est couronné par une galerie à jour, d'où s'élancent huit clochetons gracieusement évidés, et une pyramide à huit pans, percée d'ouvertures étoilées, et ornée de crochets fleuronnés.

M. de Bras, dans ses recherches sur la ville de Caen, nous a conservé l'épitaphe du fondateur de ce noble édifice, nous la citerons à cause de sa simplicité gracieuse; mais en différant d'interprétation, relativement à la part prise par Nicolle Langlois, sur l'érection du temple; nous la croyons moindre que celle que lui attribue M. de Bras ,d'après le texte même qu'il a transcrit :

Le vendredy devant tout droict ,
La Saint-Clerque le temps n'est froit ,
Trépassa Nicolle Langlois
L'an mil trois cent et dix-sept;
Son corps gist cy , l'âme à Dieu soit ;
Chacun en prie , car c'est bien droict.

Bourgeois étoit de noble guise;
Moult de bien fist en ceste église ,
Trésorier en fust longuement ,
Et par luy et par sa devise
Fust la tour en sa voye mise
D'estre faicte si noblement.

Prud'hom étoit, courtois et sage ,
Et sans orgueil et sans outrage;
De tous gens chery et aimé ;
De sa mort ce fut grand dommage ;
Son esprit soit en l'héritage,
De paradis soit hoir clamé.

O (près) luy gist sa femme première
Qui moult fut de noble manière ,

Et étoit nommée Germaine ;
En vers Dieu fust moult aumosnière ,
Qui la mettra en sa prière ,
Dieu le mette en bonne semaine.
Le jour que ce monde passa ,
Et de ce siècle trépassa ,
Ce fust le second jour d'octobre,
L'an mil trois cent et dix-sept ;
Grand dommage fust , comme on sçait ,
Car elle étoit bien sage et sobre ;
Or priez par dévotion
Qu'ils ayent pleine réunion.
1317.

L'abside de Saint-Pierre est fort curieuse par son caractère architectonique et par son style qui est de transition entre l'ogival et la renaissance. Nous renvoyons à l'introduction placée en tête de cet ouvrage pour indiquer les traits généraux de ces constructions si intéressantes pour l'histoire de l'art. Nous rappellerons seulement que Louis XI permit de prendre sur le lit de la rivière le terrain nécessaire pour achever le chevet (le digne monarque donnait facilement ce qui ne lui coûtait rien) , et que l'architecte qui fit les plans et surveilla l'exécution de cette partie de l'édifice, terminé seulement de 1519 à 1630, était né à Caen, et se nommait Hector Soyer. Honorons les artistes qui ne sont plus, moins pour ranimer des cendres insensibles, que pour payer la dette de la reconnaissance et obtenir dans le cœur des vivans l'amour du bien public ; en lisant les noms arrachés à l'oubli, l'homme de génie se dira : si je sers, si j'enrichis, si je décore mon pays, je ne mourrai pas tout entier, *non omnis moriar!*

FAÇADE DE RUFFEC.

Ruffec, peuplé seulement de 3,000 ames, et chef-lieu d'arrondissement du département de la Charente, est dans une situation riante, sur le ruisseau du Lien.

La ville actuelle est bien bâtie, et d'un aspect agréable, disent tous les géographes que je consulte; je dois m'en rapporter à leur jugement, car je ne suis pas allé dans la cité mi-partie limousine et mi-partie angoumoise.

Ruffec était le chef-lieu de la terre la plus considérable de la province, après celle de La Rochefoucault; elle fut successivement qualifiée de baronnie, de vicomté, de marquisat; sans la révolution elle eût pu sans doute être titrée de principauté, et peut-être même de royaume à l'égal de l'illustre ville d'Ivetot, dont le monarque le plus connu est celui chanté par notre Béranger. La terre de Ruffec, possédée long-temps par la maison d'Angoulême, passa successivement de maître en maître dans la maison de Broglie.

On retrouve à Ruffec un château fort, très-ancien, situé sur une éminence entourée par les deux bras du Lien; mais, vendu en 1793, l'édifice partagé par les acquéreurs a promptement perdu sa gloire féodale : ses fossés ont été comblés, les tours, renversées; le parc a été divisé, et, en somme, il doit rester fort peu de chose de ce manoir seigneurial. *Sic transit*, etc.

Mais Ruffec possède une façade d'église entièrement inconnue et d'un haut intérêt. Avec les églises de Notre-Dame-la-Grande et Civray, c'est un des plus beaux spécimen du style byzantin que nous ayons en France. Quant aux caractères architectoniques généraux de cette école, je renvoie à l'introduction et à la notice sur Notre-Dame de Poitiers; quant au mérite spécial de la façade de Ruffec, la planche lithographique le fait suffisamment connaître.

Les trois arcades du portail sont à plein-cintre, on remarque sans peine la grâce des enroulemens des trois voussures de la grande porte, et la variété des chapiteaux. Les formes n'ont pas la pureté classique, mais du moins elles ont l'avantage de la diversité, et sont bien supérieures, pour l'exécution, au deuxième roman ou à l'ogival contemporain. Le premier étage, qui est formé d'une série d'arcades cintrées, supportait des statues que le temps rongeur, *tempus edax*, et les hommes, ses dignes auxiliaires, ont détruit en partie.

Au milieu du gable formé d'un seul fronton un peu obtus, on retrouve un des types propres au style byzantin, et placé habituellement sur la façade ou dans le chœur de diverses églises de France et d'Italie : c'est une figure de Dieu, le père, dont il est difficile de distinguer les attributs ; il est accompagné de deux anges en adoration , mais dans une pose vive et agréablement variée. La forme du cadre, *vesica piscis*, qui enveloppe le relief, est en parallèlisme avec le haut du fronton , et en détermine forcément l'angle central : cette circonstance particulière (les autres cadres byzantins sont généralement ovales), fait supposer que les deux parties latérales du fronton, taillées en escalier, sont contemporaines de la construction de la façade. Si l'inspection du monument ne dément pas cette conclusion, nous en pouvons tirer la conséquence que les pignons, depuis importés par les Espagnols dans les Pays-Bas, et composés d'assises décroissantes, sont d'origine byzantine , ce fait ne serait pas sans intérêt pour l'histoire de l'art.

Les demi colonnes engagées, qui sont pour ainsi dire les meneaux de la façade, et qui la divisent perpendiculairement , sont beaucoup plus gracieuses que les piliers carrés et butans gothiques. Il serait important de vérifier aussi la date des demi-calottes sphériques de leur couronnement, on en inférerait d'autres résultats, que je suspends, dans le doute matériel où je suis.

La façade de Ruffec, fort intéressante à tous égards, serait une page de l'architecture byzantine plus précieuse encore par sa pureté, si l'on n'avait eu le mauvais goût de rompre l'harmonie de ses lignes, et d'altérer son caractère en inscrivant une ogive dans le plein-cintre de la porte principale et de la vaste fenêtre qui la surmonte ; déplorable manie, que semble avoir voulu signaler et stigmatiser le législateur judicieux de la littérature et des arts, lorsqu'il s'écrie :

> *Fingentur species, ut nec pes, nec caput uni*
> *Reddatur formœ*

Passe encore dans une petite ville du Bas-Poitou , il y a quelques siècles, mais aujourd'hui, et dans Paris !

CATHÉDRALE DE LAON.

Laon, chef-lieu du département de l'Aisne, dont la population modeste est de 9,000 ames seulement, a cependant porté, pendant un siècle, le titre superbe de capitale de la France, aujourd'hui dévolu à une cité dans le sein de laquelle se pressent un million d'habitans.

Laon couronne la croupe d'une montagne qui s'élève comme un vase d'azur au milieu d'une plaine immense coupée de ruisseaux, couverte d'arbres, de prairies, de champs fertiles, et semée de petites collines qui ondulent humblement à ses pieds. Elle compte 7,750 pas de tour; ses remparts, ses maisons, ses édifices sacrés, se dressent pittoresquement en amphi-théâtre, au milieu d'une verte ceinture de boulevards.

L'histoire de cette antique ville, dont le nom, faiblement altéré, est celte, a été liée à tous les événemens importans de la seconde race, depuis Charles-le-Simple jusqu'à l'extinction de cette dynastie. Sous Louis V, la France royale était renfermée dans les seules murailles de Laon, égale en population à Paris, petite cité ducale alors, dont les chefs gouvernent aujourd'hui par leurs descendans, une puissante nation de 33 millions d'hommes : c'était le nid de l'aigle.

Mais outre son intérêt pour la vieille histoire, qui ne s'occupait que de rois, de grands et de batailles, Laon mérite l'attention spéciale de l'histoire nouvelle, qui s'attache à l'établisse-ment des libertés, à l'état des arts et aux mœurs des peuples.

Les premières communes instituées en France paraissent être celles de Beauvais, en 1103, de Noyon et de Saint-Quentin, sous Louis-le-Gros, en 1108, et enfin de Laon en 1111, sous le même prince. Les vicissitudes du gouvernement municipal de cette dernière ville, successive-ment aboli dès 1112, après le meurtre de l'évêque Gaudry, rétabli en 1128, puis détruit de nouveau; ses péripéties sanglantes, bien que *tempêtes dans un verre d'eau*, pour employer l'expres-sion de Voltaire envers Genève, n'en sont pas moins fort curieuses et fort instructives, jusqu'au moment où la commune fut enfin solidement et *à toujours* constituée par la fameuse charte locale octroyée en 1342 par Philippe-de-Valois, et connue sous le nom de *Philippine*.

Il ne sera pas hors de propos, comme exemple de l'influence des passions ou des intérêts sur l'intelligence humaine, de rapporter le jugement écrit par le chroniqueur Guibert, abbé de Nogent, sur l'établissement des communes, d'où sortirent la bourgeoisie, dans la vie civile, le tiers-état, dans la sphère politique, en un mot le principe d'affranchissement et de civilisation de toute la société moderne.

« **La** commune, nouveauté détestable , dit-il, est un état de choses dans lequel l'homme de
» condition servile expie ses délits par une amende légale, se trouve déchargé des obligations
» auxquelles les serfs sont assujettis, et *rachette par un paiement annuel tous les devoirs de la*
» *servitude.* »

Nous possédons une histoire spéciale de Laon, par M. de Vismes, à laquelle je renvoie mes
lecteurs, en félicitant l'auteur de ses efforts pour élever un monument à la gloire de son pays
natal :

Et pius est patriæ facta referre labor.

Rentrons dans la description , objet plus direct de notre texte.

La cathédrale de Laon a deux-cent-vingt pieds de long et soixante-quinze de large, les tours
ont cent-soixante-dix et cent-quatre-vingt pieds de haut. On ignore l'époque précise de sa
fondation, mais un premier édifice incendié en 1112, après le massacre de l'évêque et de ses
partisans, fut reconstruit en quelques années, grâce aux aumônes abondantes que l'on recueillit
en promenant dans la France et l'Angleterre, réunies pour cette fois, les reliques épargnées
par les flammes, *La foi souleva* vraiment *une montagne*, car la cathédrale , vaisseau immense,
flanqué de quatre tours, et surmonté d'une lanterne centrale, s'élança majestueusement dans
les airs sur le magnifique piédestal d'un mamelon de plus de trois cent-cinquante pieds de
haut.

On remarque dans cette église les trois ordres de son architecture, sa lanterne élégante et
légère, la ligne imposante de ses travées qui sont au nombre de vingt-trois, douze dans la
nef, et onze dans le chœur, les piliers, beaux types de la forme ingénieuse des colonnes en
faisceaux, les rosaces latérales, la richesse et la variété des chapiteaux, enfin le buffet des
orgues, et surtout , la décoration des chapelles, dont l'âge est celui de la belle sculpture
française. On attribue cette ornementation au cardinal de Bourbon, roi de la Ligue sous le
nom de Charles X, et dont l'effigie marque plusieurs monnaies, frappées à Laon pendant
son empire usurpé, qui dura

L'espace d'un matin.

Deux tours jumelles s'élevaient sur la façade principale , elles sont réunies par un étage
voûté un peu lourd depuis que la flèche de cent-cinquante pieds qui surmontait la tour méridionale a été abattue pendant la révolution. Les portails latéraux sont accotés chacun d'une
autre tour. Le conseil général du département a voté quelques fonds pour les réparer; le travail
a été assez grossièrement exécuté. Il est desirable que les plates-formes soient munies d'une
galerie à jour dont la délicate dentelle se dessine sur l'azur du ciel.

La lithographie de ce recueil, due au crayon facile de M. Boys, présente une vue prise
malheureusement un peu trop près; ce dessin rend imparfaitement l'aspect magique de ces
quatre tours, accompagnées aux angles d'escaliers à jour en spirale, qui s'évident en s'élevant,
et ouvrent leur sein aérien aux souffles des tempêtes déchaînées, à la lumière brillante du
soleil ou aux rais argentins de la lune. Ces belles formes architectoniques se détachent sur les
nuées avec un effet tantôt imposant ou terrible, tantôt gracieux ou mélancolique, mais
toujours saisissant pour l'ame et l'esprit du spectateur.

L'évêque de Laon était un des douze pairs du royaume; la pairie était d'abord une fonction dévolue à tous les barons de France; son érection en dignité, avec fixation du nombre des titulaires, fut une des causes de la ruine du gouvernement féodal. Le second duc et pair de Laon, en date, fut Renaud Surdelle, chanoine d'une naissance obscure, et d'une vie simple et ignorée. Lorsque les députés du chapitre le présentèrent au roi, ce prince, étonné de voir un homme entièrement inconnu investi d'une aussi haute dignité, demanda aux envoyés ce qu'était Surdelle avant son élection. Cette question les frappa de terreur, ils craignirent un refus de confirmation, et répondirent avec hésitation : L'évêque par nous élu est un homme pieux, il n'était qu'un chanoine comme nous.

« Un simple chanoine comme vous, répondit le monarque, tant mieux, ce choix ne peut
» venir que de Dieu. Il est bien rare qu'on m'en présente de semblables; je n'entends parler
» que de doyens, d'archi-diacres, d'écolâtres dont on m'annonce pompeusement les titres et
» les familles. Mais je n'ignore pas leur voie pour parvenir à l'épiscopat. L'écolâtre emploie
» son savoir pour défendre les chanoines dans leurs procès et s'attirer leurs suffrages, le doyen,
» jaloux de plaire, laisse introduire le relâchement dans le chapitre, l'archi-diacre, dont le seul
» mérite est la naissance, achète les voix avec l'argent de sa famille ; de là vient la maladie
» dont la tête de l'église est attaquée. Pour vous, ajoutat-t-il en s'adressant à Renaud, votre
» élection me paraît louable et canonique, comptez sur mon appui. »

Nobles et saintes paroles, pourquoi faut-il que le grand prince qui les a prononcées ait attiré justement sur sa tête, par ses outrages envers la malheureuse Ingelburge, le blâme des moralistes et les censures ecclésiastiques, d'accord aussi cette fois? Pourquoi faut-il qu'après avoir vaincu ses ennemis à Bovines, Philippe-Auguste n'ait pas su maîtriser ses passions ?

Un interdit général jeté sur la France, selon l'esprit du temps, punit les sujets de la faute de leur roi :

Quid quid delirant reges plectuntur Achivi.

Laon devait avoir toutes les grandes célébrités : il fut le berceau de l'ordre des prémontés ; le pape Urbain VI, fils, comme chacun sait, d'un cordonnier de Troyes, fut l'un des enfans de chœur de sa cathédrale, et l'on y tint plusieurs conciles. La gloire militaire même jeta sur cette ville son funeste éclat, elle soutint trente-quatre siéges, et après avoir vu, en 991, Hugues-Capet étreindre dans ses serres le malheureux Charles, dernier roi légitime de la seconde race, Laon vit sous ses murs, en 1814, un de ces combats mémorables, dernières convulsions de l'aigle impériale de Napoléon, luttant contre toute l'Europe armée pour rétablir les descendans de Hugues-Capet, légitimés à leur tour par une possession de plus de huit siècles. Le soldat heureux qui avait saisi d'une main habile et audacieuse le sceptre et l'épée de Charlemagne, vaincu en réalité par le seul et terrible hiver de Moscou, alla s'asseoir au foyer de l'Angleterre qui déporta son Thémistocle sous le soleil dévorateur de Sainte-Hélène; là quelques grains de sable africain couvrent son tombeau, comme celui de Pompée, loin du sol natal qu'il avait défendu et illustré.

Avant de quitter entièrement Laon, je donnerai un regret à la tour de Louis d'Outremer. Cet antique monument, remarquable par sa masse et la solidité de ses murailles, était, dans le moyen-âge, le symbole vivant de la puissance du monarque. Le duché-pairie, les comtés de

Soissons, de Marle, et le Vermandois, relevaient du roi, *à cause de la grosse tour de Laon*, comme les grands fiefs de France, à cause de la grosse tour du Louvre. La tour de Laon, construite par Louis d'Outremer, avait été réparée en 1207, par Philippe-Auguste. En 1794 on abattit la flèche qui couronnait l'édifice, et par fatigue de détruire, on conserva le massif de maçonnerie, haut de cinquante pieds. Mais, récemment, pour agrandir un marché, au lieu d'acheter quelque maison privée, on a jugé plus commode de raser la tour de Louis d'Outremer.

ÉGLISE CATHÉDRALE DE SENLIS.

Une petite peuplade de Gaulois, comprise par les Romains dans la *seconde Belgique*, vit ériger en chef-lieu sa capitale, composée de quelques huttes, sous le nom d'*Augustomagus*.

Ce nom indique assez que les vaincus perdirent leur nom primitif et revêtirent une livrée même grammaticale, symbole de leur servitude.

Cependant cette faible nation conserva l'indépendance compatible avec son changement politique; Pline l'appelle *libre*, c'est-à-dire qu'elle garda son droit national de municipalité gauloise, et ne fut pas soumise aux lois des Romains.

Le nom aborigène des habitans était *Ulmanetes*, il changea en celui de *Silvanectes*. Probablement, et cette explication que je propose sera facilement acceptée; le chef-lieu, entouré de forêts, dût s'appeler *Silvanectum*, d'où vint, par corruption successive, *Senlis*.

Senlis était placé sur une chaussée romaine qui conduisait d'Amiens à Soissons, d'après l'Itinéraire d'Antonin; la table de Peutinger indique en outre un autre chemin de Senlis à Meaux. On n'en trouve plus aucune trace, mais il reste encore quelques parties des murailles de brique et de parpaing dont le peuple-roi avait entouré ses nouvelles conquêtes dès le temps de Vespasien.

La cathédrale fut fondée par saint Regulus, dont nous avons fait saint Rieul, d'après notre mauvaise habitude de franciser tous les noms étrangers, doublement travestis et méconnaissables pour l'orthographe et pour la prononciation.

Saint-Rieul fut célébré

> Dans les légendes merveilleuses
> Qu'adoraient nos bons vieux parens,
> Et dont aujourd'hui les berceuses
> Le soir endorment nos enfans....

Plusieurs siècles après la mort du fondateur de l'église, le bon roi Robert, fils pacifique du belliqueux Hugues-Capet, composa des stances en l'honneur de saint Rieul, qui étaient destinées à être récitées pendant l'octave de la dédicace; saint Rieul fait une heureuse exception parmi les hommes de son temps, qui étaient plus souvent battus et dépouillés par leurs souverains qu'enrichis et chantés.

Parmi les actes de saint Rieul, conservés par le dévot monarque, on trouve un miracle assez étrange.

L'apôtre était venu prêcher entre Reuilly et Chavercy; un nombreux auditoire était accouru pour l'ouïr, de toutes les campagnes voisines; l'exhortation était pathétique ; nombre d'yeux se mouillaient, nombre d'ames se fondaient, et les cœurs amollis allaient recevoir le secours de la foi nouvelle : tout-à-coup les habitans de la mare de Reuilly, inspirés par Satan sans doute,

Car le malin est capable de tout,

les grenouilles donc, s'ébattirent en coassemens aigus, et modulés dans tous les tons. (C'est peut-être ce qui donna naissance à l'orgue.)

Mais le bon saint ne se laissa pas confondre par l'esprit des ténèbres ; se tournant vers la mare, il imposa un silence absolu pendant le reste de son sermon, aux sujettes du soliveau, et il ne leur permit de parler ensuite qu'une seule à la fois.

L'anecdote de la grenouille est si authentique et « si établie dans le pays, dit Carlier, auteur d'une histoire du duché de Valois, que les habitans de Reuilly l'ont fait représenter sur le tableau de leur chapelle de saint Rieul. » Après cette preuve administrée par le candide écrivain, comment douter de la réalité du miracle?

Senlis fut soumis aux rois de France dès le règne de Clovis; les princes carlovingiens y possédèrent un palais; Pépin, roi d'Aquitaine, fut enterré dans le château en 850. M. Turquet possède les restes de l'édifice qu'il restaure avec goût. On y voyait naguère le cachot profond où l'on avait plongé le prisonnier. Il est à regretter que des améliorations particulières aient nécessité la fermeture de ces oubliettes, curieuses pour l'antiquaire.

Senlis semblait être le théâtre obligé de scènes atroces sous la seconde race. L'empereur Charles-le-Chauve y fit arrêter son fils Carloman, accusé de conspiration contre sa personne, et lui fit arracher les yeux. Cette triste aventure est beaucoup plus avérée que celle des énervés de Jumièges.

En 1214, à la bataille de Bovines, l'évêque de Senlis, Guérin, homme d'une grande habileté, et ministre de Philippe-Auguste, rangea l'armée française en ordre de bataille, et dirigea les mouvemens des troupes. La fameuse devise *consilio manuque*, aurait appartenu pour la première moitié à l'évêque de Senlis, qui ordonnait les mouvemens, et pour la seconde à l'évêque de Beauvais qui chargeait, une massue à la main, affirmant qu'assommer les gens n'était pas *répandre leur sang*, chose défendue par l'Écriture, comme on ne l'ignore pas. Ici la *lettre tuait* beaucoup plus directement que dans les axiomes des jurisconsultes.

Senlis fut pris par les *Jacquiers* et par les Bourguignons sous les ordres de Jean de Luxembourg. La ville ne se défendit avec succès que contre son roi légitime, Charles VI, dont les troupes se vengèrent par d'horribles cruautés sur les habitans des campagnes : « Vrai fut, dit le *Journal de Paris*, que les anciens des dits gens d'armes furent pleins de si grande fureur et cruauté, qu'ils rôtirent hommes et enfans au feu, quand ils ne pouvaient payer leur rançon. »

En 1559, Senlis, plus fidèle à Henri III qu'à Charles VI, fut assiégé par les Ligueurs. Ceux-ci, attaqués par le fameux Lanoue, et mis en déroute, perdirent quelques hommes par suite de leur course précipitée pour revenir à Paris.

On fit plusieurs couplets satiriques sur cette retraite un peu hâtée; voici les deux premiers :

A chacun la nature donne
Des pieds pour le secourir ;

Les pieds sauvent la personne ,
Il n'est que de bien courir.

Ce vaillant prince d'Aumale,
Pour avoir fort bien couru ,
Quoiqu'il ait perdu sa malle ,
N'a pas la mort encouru.

Singulier temps , où tous les événemens , même les plus tragiques , se terminaient par des chansons!

Les Ligueurs irrités rendirent vers pour vers, et couplets pour couplets, puis ils attaquèrent la ville de nouveau. Leurs poésies étaient mauvaises, leurs armes ne valurent pas mieux ; et , repoussés encore, ils furent et restèrent chansonnés.

Senlis, depuis cette époque, perd les honneurs de l'histoire , mais gagne les avantages de la tranquillité , nous passons donc à sa description.

Cette ville, qui renferme une population de 5,066 habitans, est située sur une colline qui s'élève graduellement, *on a gentle ascent,* comme le diraient les Anglais; son nom latin lui est encore applicable, car à une faible distance elle est presque entourée entièrement par les forêts de Chantilly, Ermenonville et Hallate; la petite rivière de la Nonette baigne la basse ville. La ville haute, l'ancienne cité romaine, était fortifiée, comme nous l'avons écrit, mais les murailles sont à-peu-près détruites. La porte de Meaux, conservée cependant, présente une voûte de 45 pieds, et les eaux de la Nonette coulent dans un canal pratiqué sous ce singulier passage. La porte de Belon excite encore quelque intérêt. Des boulevards agréables remplacent les anciens fossés ; ils ont un développement de près de trois-quarts de lieue , malheureusement interrompu dans la basse ville.

Le vieux château, bâti par saint Louis et habité depuis par Henri IV et la belle d'Estrées , offre des ruines pittoresques. Un arc de triomphe, d'un style au-dessous du médiocre , est placé au haut de la ville à l'extrémité d'une rue droite de plus de 600 toises de long , et d'un assez bel effet de perspective. Cet arc a été construit en l'honneur de Marie-Louise , en 1809. Ainsi la porte de Senlis, le berceau et le tombeau du roi de Rome, voilà tout ce qui reste du mariage de Napoléon avec une princesse autrichienne !

ÉGLISE SAINT-PIERRE,

A SENLIS.

Senlis renfermait, avant la révolution, un grand nombre d'églises; il comptait sa cathédrale, deux collégiales, sept paroisses, une abbaye de chanoines réguliers, le prieuré de Saint-Maurice, une commanderie de Saint-Jean-de-Jérusalem fondée par saint Louis, et plusieurs maisons conventuelles des deux sexes. Une seule église est consacrée au culte aujourd'hui: c'est la cathédrale. Les églises Saint-Pierre et Saint-Vincent servent, l'une d'écurie, l'autre de grange, et cependant l'une et l'autre embellissent le paysage, et donnent de l'apparence à la ville par la vue de leurs tours et de leurs clochers. Il est à souhaiter qu'on conserve, du moins, ces points culminans, lorsque le temps et la main des hommes, non moins destructive, renverseront les nefs et les transepts. Saint-Aignan a été métamorphosé en salle de spectacle :

Quantum mutatus ab illo!

On avait proposé de faire un marché du vaisseau de Saint-Frambourg, qui est situé dans le centre de la ville, et qui se profile encore avec noblesse sur les habitations privées. C'eût été un moyen municipal de conserver cet édifice, en lui donnant *l'utilité* si exclusivement recherchée de nos jours; mais des intérêts particuliers ont réclamé contre le déplacement de l'ancien marché, et Saint-Frambourg sera probablement bientôt détruit encore. Nos villes, je ne puis me lasser de le redire, sont véritablement les *Palmyres* de la civilisation, et nos églises les martyres de l'utilité.

La grange-église Saint-Pierre, à Senlis, dont ce recueil renferme une lithographie, est intéressante sous deux rapports. Elle présente une façade et un clocher occidental d'un riche travail ogival quartaire; les clochetons sont d'un bon caractère, et délicatemént fouillés au ciseau; la tour orientale, au contraire, est de la renaissance; ses fenêtres sont à plein-cintre, et sa lanterne, toute de transition, présente dans le même édifice, la preuve de l'imitation de l'ogive des clochetons avec des élémens greco-romains; c'est un specimen vraiment curieux de cette lutte entre les romantiques et les classiques de l'époque.

On voyait autrefois, dans l'église Saint-Pierre, la pierre tumulaire d'une dame Gilles Matelet, veuve de Claude Martin, « laquelle décéda, dit Louvet, en 1579, et avait vu ou pu » voir procéder de soi ou de ses sœurs, tant en neveux et arrière-neveux, qu'enfans d'iceux, le » nombre de 680 enfans. »

Le naïf historien donne une étrange raison de la fécondité qui aurait fait de chaque maison de Senlis une espèce de ruche à perpétuels essaims.

« Les familles se chérissent tant dans cette ville, qu'elles ne s'unissent qu'entre elles ; cette » grande amitié a rendu les femmes si fécondes, qu'elles ont augmenté de beaucoup la po- » pulation de cette ville. »

Cependant, il est hors de discussion, maintenant, que c'est le croisement des races qui en conserve la vigueur. Aussi, malgré l'exemple exceptionnel cité par Louvet, la population de Senlis avait-elle décru de plus de moitié depuis le commencement de la troisième race, et c'est depuis la fin du dernier siècle seulement qu'elle a repris un mouvement d'ascension.

C'était encore à Saint-Pierre, ainsi qu'à la cathédrale, que se disaient les messes solennelles et les offices mortuaires des chevaliers de l'Arbalête.

Un chanoine, digne héritier des goûts du militaire évêque Guérin, membre de cette association qui avait survécu au moyen-âge, nous a laissé les règlemens de la compagnie. Nous en rapporterons un extrait, comme étude de mœurs :

« *Tu ne parleras sur homme ou sur femme mot qui soit déshonnête dessous la ceinture.* »

Voilà un commandement assez semblable à celui qu'impose, dans le baptême sous la ligne, *le Bonhomme Tropique* à l'égard des femmes de marins ; je souhaite que l'on ait observé le premier mieux que l'on ne garde le second.

« Item, *en fréquentant ledit jeu, et entre deux buttes, tu ne nommeras le Diable en aucune manière.*

« *Celui qui sera roi sera tenu de payer au chevalier, le premier jour de mai, un jambon ; et le connétable une fraise de veau, au retour que les chevaliers seront allés quérir le mai.* »

On le voit, dame gastronomie comptait Messieurs de l'Arbalête parmi ses sujets. C'est la souveraine dont le trône est encore le plus solide. Elle ne craint ni première ni seconde édition de charte, et seule, peut-être, restera *Reyna netta* jusqu'à la consommation des siècles.

Comme « il est avec le ciel des accommodemens, » les bons chanoines avaient trouvé un singulier moyen de sanctifier leurs exercices un peu guerriers. Ils avaient donné à chacune des membrures des arbalètes, le nom d'une partie du corps de Jésus-Christ. Les académiciens *della Crusca*, avec leurs noms fariniers, n'ont su mieux faire.

CATHÉDRALE DE BERNE.

Berne, fondé en 1191, par Berthol V, duc de Zehringen, est la capitale aristocratique de la Suisse, dont Genève est la capitale financière.

Berne est une charmante ville, qui s'étend sur une éminence entourée de trois côtés par l'Aar, le quatrième est défendu par une ligne de bastions coupée par la belle porte de Morat. Les rues larges, et bordées d'arcades, sont arrosées par des ruisselets d'eau vive emprisonnés dans d'étroits canaux de pierre; les places sont belles, les bâtimens publics nombreux, les maisons privées vastes et ornées, les promenades pittoresques, et la ville entière présente un caractère noble et gracieux tout à la fois. Les étrangers remarquent principalement l'église Française, l'Hôtel-de-Ville, les tours de l'Horloge et de Goliath, la Bibliothèque, le Musée, et l'Arsenal.

Parmi les promenades, nous signalerons les petits remparts, l'Enghi et la plate-forme. Cette terrasse, étayée par une muraille de 108 pieds de haut, communique avec la basse ville par un escalier de 185 marches; elle accompagne un des côtés de la cathédrale sur une longueur de 110 pieds, une largeur de 92, et domine les faubourgs, le cours de l'Aar et les hauteurs environnantes jusqu'aux Alpes Bernoises; pour moi, les trois plus belles vues de la Suisse sont celles de Lausanne, du Righi, et de la plate-forme de Berne. Je n'oublierai jamais le coucher du soleil sur l'Oberland, que j'ai admiré plusieurs fois, ni ces vastes murailles de rochers s'élevant dans la demi-teinte jusqu'à la hauteur de deux mille toises du sein des vallées déjà plongées dans les ténèbres, tandis que les derniers rayons du soleil coloraient d'un rose éclatant le sein d'argent de la Vierge [1], et les pics terribles du Shreckhorn et du Finsteråhorn.

La CATHÉDRALE, fondée en 1421 et dont la construction se prolongea pendant 80 ans, est un majestueux édifice de style ogival, long de 60 pieds et large de 80. La nef est supportée par dix piliers chargés des armoiries des principales familles de la ville, dont une partie est éteinte aujourd'hui. Les contreforts de l'extérieur sont légers, et se terminent en pinacles fleuronnés; la tour, qui a 191 pieds de haut, et 251 marches, supporte une galerie d'où s'élève une seconde tour flanquée de quatre clochetons et couverte en charpente. Cette belle construction est restée malheureusement incomplète. Du premier coup-d'œil on voit qu'elle devait s'élancer dans les airs à une hauteur presque double, et finir en pyramide octogonale de pierre, dans le style et les proportions du superbe clocher de Fribourg en Brisgaw. Beaucoup d'hommes et de peuples commencent, combien peu savent finir!

---

[1] La Jungfrau.

Le grand portail dont la tour occupe le centre, est percé de trois arcades dont la principale est décorée d'une grille de fer, d'écussons armoiriés et de sculptures délicates, attribuées à Ehrard Kœnig, artiste westphalien d'un grand talent.

On remarque dans l'église le mausolée du duc de Zehringue et celui de l'illustre avoyer Steiger. Ce dernier tombeau renferme, inscrits sur des tables de marbre, les noms de 18 officiers et 643 soldats tués en 1798, dans la guerre entre les Bernois et les Français. Souhaitons que ce douloureux monument d'une rivalité passagère soit le dernier, et que rien ne désunisse à l'avenir la France et ses alliés naturels, les loyaux et braves habitans de la Suisse, qu'Henri IV appelait si justement *ses bons compères.*

FONTAINE A BALE.

La Suisse est le pays le plus élevé de l'Europe; presque tous les grands fleuves, le Rhin, le Rhône, le Danube, le Pô, découlent de ses montagnes, plateau central auquel il faut rattacher physiquement les contreforts des régions qui l'environnent; aussi ses paysages sont-ils embellis par l'eau, qui prend toutes les formes et affecte toutes les couleurs; elle blanchit de neiges éternelles la pointe des Alpes, elle teint en bleu le cristal des glaciers, et donne une verte transparence aux lacs et aux ruisseaux de la plaine. Partout l'eau se précipite en cascades bruyantes, roule en torrens écumeux, ou, rivière claire et limpide, coule doucement dans les méandres du vallon.

Sur le haut, le flanc ou la base des montagnes, dans les campagnes et dans le sein des villes, partout on voit sourdre des fontaines recueillies dans de larges augets de bois par les cultivateurs isolés, ou rassemblées dans des petits monumens hydrauliques, par l'habitant des cités. Ces derniers consistent généralement en un bassin octogone de deux pieds de haut, sur une largeur d'une douzaine de pieds; au milieu s'élève une colonne renflée, ou style, supportant tantôt une statue de la Vierge tantôt celle d'un héros célèbre, Tell ou Winkelried; car Dieu et la patrie sont les deux religions de la Suisse; puisse-t-elle n'en connaître jamais d'autre!

La fontaine de Bâle est un des beaux spécimen de ces fontaines dont toutes les villes sont abondamment fournies, et dont le caractère spécial m'a frappé dès mon entrée en Suisse par Orbe, si souvent cité dans *la Nouvelle Héloïse*. Ces petits monumens populaires sont aussi des pages d'histoire et de mœurs, quelquefois des satires en action ou la personnification des croyances fantastiques et des superstitions indigènes. J'en donnerai pour exemple une des fontaines de Berne : elle représente un ogre dévorant un enfant, proie vivante qui crie sous sa dent, tandis que ses poches sont pleines de bambins effrayés, dont le tour va bientôt venir : c'est sans doute Croquemitaine naïvement déifié pour la terreur et la conversion des petits drôles du pays. Les statuaires-instituteurs ont pensé, comme les poètes, que la morale en action était la plus puissante ; que les yeux étaient plus facilement frappés que les oreilles ; et que la peur d'un grand supplice empêcherait même les petites fautes de leurs jeunes élèves. Voltaires de la sculpture, ils ont pensé qu'il valait mieux frapper fort; ont-ils frappé juste?

CHAIRE

DANS LA

CATHÉDRALE DE STRASBOURG,

ET

TOMBEAU DU CHRIST,

A THANN.

De Bâle, où nous sommes en ce moment, nous descendons le Rhin et nous entrons dans l'Alsace, noble fleuron de la couronne de France, depuis Louis XIV; glorieuse patrie de Kléber et de Rapp; belle contrée, dont les habitans, comme ceux de la Suisse, sa voisine, réunissent à la fois dans leur cœur la bravoure téméraire de notre pays, la *furia francese*, et la vieille probité allemande : *Alt deutsche redlichkeit.*

Ce recueil contiendra une vue extérieure de l'admirable cathédrale de Strasbourg et de l'église de Thann, dont la flèche est la sœur de la tour construite par Erwin; nous donnerons, dans les articles qui accompagneront ces lithographies, la description de ces deux villes et de l'ensemble de l'édifice. Nous en agirons de même à l'égard de Bâle, dont le Münster ornera la suite de cet ouvrage.

MM. de Golbery et Schweigheuser, dans le monument qu'ils ont élevé à la contrée qui les a vus naître [1], déclarent que montrer vaut mieux que décrire. Nous pensons comme eux sur certains objets, et la chaire de Strasbourg, ainsi que le tombeau de Thann nous paraissent de ce nombre; comme nos devanciers, donc, nous nous en rapporterons aux observations du lecteur. Nous ajouterons seulement, que ces deux monumens, outre l'intérêt qu'ils doivent exciter par leur mérite de composition et d'exécution , ont surtout celui de la convenance par le parfait rapport de leur style du xve siècle avec le caractère ogival des édifices qui les renferment. La chaire de Strasbourg fut construite en pierre, en 1486, pour le célèbre prédicateur Geyler de Kaisersberg, sur les dessins de Jean Hammerer, architecte de la cathédrale. Entourée d'une balustre, en 1521 , elle fut ornée d'un élégant chapiteau en bois, pendant l'année 1617, par Conrad Cullin et son fils, maîtres menuisiers. La restauration de cette chaire, chef-d'œuvre de sculpture, est une preuve du bon goût des autorités locales. Le dais avait

---

été composé, pendant l'empire, de draperies qu'une aigle soutenait dans ses serres ; depuis on avait changé l'oiseau de Jupiter en colombe, et les étoffes en nuages, toujours aussi malheureusement ; enfin, en 1824, on posa le couronnement actuel dont l'ornementation est semblable à l'ancien escalier, à ses statuettes, à ses délicates sculptures. Que nos architectes, nos peintres et nos sculpteurs se pénètrent toujours de ce principe si heureusement mis ici en application : « *Dans une restauration, faire de même, c'est déjà faire bien!* »

CATHÉDRALE DE LIMOGES.

Limoges était la capitale d'une tribu gauloise, les *Lémovices*, qui se soumit aux Romains et leur resta constamment attachée...... tant qu'ils furent les plus forts, fidélité plus utile que glorieuse.

Duratius, que César avait donné pour chef à ce peuple décoré du beau titre d'*alliés*, et Lucius Capreolus, un des successeurs de Duratius, embellirent successivement leur cité principale.

Parmi les antiquités de la ville, on cite un souterrain qui n'est ni romain, ni roman, et qu'on suppose d'origine gauloise.

C'est un conduit voûté en pierre, de 975 mètres de long, qui commence au milieu de la ville, près du lieu où fut depuis construit l'amphithéâtre, et descend jusqu'à la rivière ; on pense que c'était un passage dont les habitans se servaient pour mener leurs chevaux à l'abreuvoir, lorsque leurs murailles étaient entourées d'ennemis.

Il existe encore à Limoges un temple souterrain entièrement sphérique, de 14 mètres de diamètre, et taillé dans le roc. Ces deux constructions ont été fermées par les autorités locales, pour empêcher les malfaiteurs d'y chercher un refuge semblable à celui que des voleurs s'étaient ménagé sous le quai de la Morgue, comme on ne l'a pas oublié à Paris.

L'illustre intendant de Tourny, depuis, le bienfaiteur de Bordeaux, avait l'intention de faire ouvrir le temple. On conçoit difficilement aujourd'hui que l'administration municipale, en prenant les précautions convenables, ne rende pas cette substruction à la curiosité des amateurs et à l'étude des adeptes.

Limoges était une de ces cités qui dressèrent à Lyon des statues à Auguste, et sollicitèrent l'honneur de prendre son nom : l'Empereur voulut bien y consentir, et *Lémovices* devint *Augustoritum.*

Ainsi les Gaulois, les descendans de Bellovèse et du fier Brennus, émule des Romains, des enfans dégénérés de Brutus et de Cassius, fatiguèrent aussi de leur bassesse les successeurs de César. Tibère put s'écrier aussi en parlant d'eux : *peuple courbé devant la servitude* [1]. Ainsi les Gaulois déifièrent aussi Caligula et Claude, et adorèrent ce monstre couronné, et cet imbécile impérial !

Mais, dans le ive siècle, les Romains furent chassés par les barbares ; aussitôt Limoges de

---

[1] *O gentem pronam ad servitutem !*

répudier son titre d'*Augustoritum*, et de reprendre son nom gaulois de *Lémovices*; il faut espérer qu'elle n'en fera plus un second sacrifice à quelque autre souverain.

Cette ville disputée entre les Francs et les Visigoths, et plus tard entre les Français et les Anglais, sans événemens dignes de l'histoire, fut enfin, et pour toujours, réunie au royaume après l'avénement des Valois. Ses habitans et les troupes nationales combattirent avec courage le fameux Prince Noir, ils furent vaincus; et, si l'on en croit les chroniques, pendant la lutte et même après la défaite, le carnage fut horrible. Le quartier, théâtre du massacre, fut appelé *la Boucherie*.

La ville s'honorerait aujourd'hui en élevant un monument aux braves qui périrent en combattant l'étranger. Les temples destinés à consacrer le souvenir des discordes civiles rappellent des uttes impies, les crimes des modernes Thébaïdes; mais des colonnes érigées à nos ancêtres morts pour la patrie sont une exhortation à leurs descendans de suivre un si glorieux exemple. A Bâle, une chapelle funéraire a été bâtie en mémoire des héros de Saint-Jacques. Sous la voûte religieuse se réunissent des femmes pour pleurer ces guerriers, des hommes pour les célébrer, des enfans pour apprendre à les imiter, et des prêtres pour les bénir et invoquer sur leurs mânes la miséricorde du Dieu des armées!

Limoges est situé sur un coteau, comme toutes les villes anciennes. La colline est baignée par les eaux de la Vienne, qu'on y passe sur deux ponts de pierre; les fortifications ont été détruites et remplacées par des boulevards. Les rues sont étroites et tortueuses, les maisons généralement construites en bois; cependant on doit reconnaître que l'administration municipale a opéré quelques améliorations; les quartiers anciens sont assainis, et de nouvelles rues ouvrent à l'air pur du pays un libre passage, tandis que les fontaines d'Angoulême et de Saint-Martial fournissent une onde salutaire et abondante.

Les plus belles places de la ville sont celles de la mairie, du marché aux bestiaux et de la route de Paris.

Limoges n'a pas conservé le Capitole, l'Amphithéâtre, et les temples dont les Romains l'avaient orné. Il doit toute sa décoration aux monumens chrétiens, la cathédrale et les églises *Saint-Pierre*, *la Queyroix* et *Saint-Michel des Lions*, dont la tour a 69 mètres d'élévation.

La cathédrale, sous le vocable de Saint-Étienne, serait un fort bel édifice, si elle était terminée; mais il n'y a malheureusement d'achevé que le chœur et les transepts, et encore le fronton supérieur de ceux-ci n'a-t-il pas été fini, comme on peut s'en convaincre en jetant un coup-d'œil sur la lithographie qui accompagne ce texte.

L'église est du troisième ogival, si l'on s'en rapporte au crayon fidèle de M. Chapuy. En 1537, l'évêque Jean de Langeac entreprit de construire la nef. Il jeta les fondations des murs et des piliers de quatre chapelles qu'on éleva jusqu'à la hauteur de 20 ou 30 pieds; mais il interrompit ce travail pour bâtir le palais épiscopal, et ses successeurs ne l'ont pas repris. Jean de Langeac est enterré dans l'église, représenté couché sous un dais à triple ogive, dont les colonnettes intermédiaires ont été brisées; des statuettes placées dans des niches, embellissent le soubassement. Les inscriptions funéraires avaient été détruites, et c'est la devise de la famille de Langeac, gravée sur les piliers latéraux, *Virtus marcessit in otio*, qui a fait restituer un titre à ce mausolée sans nom.

Cette légende est également gravée sur le jubé, monument gracieux et délicat, mais qui n'est en général qu'un brillant hors-d'œuvre, dont le principal défaut est de masquer le chœur. On a transporté ce jubé en 1789, et on l'a posé devant la grande porte; mais ce déplacement exécuté avec négligence, a été fatal aux sculptures dont quelques-unes ont été fort endommagées.

Le jubé, long de 34 pieds, présente un encorbellement soutenu par quatre colonnes, et une tribune dont les six culs de lampes, les statues et les ornemens sont estimés. Les reliefs représentent les travaux d'Hercule, doublement déplacés, d'abord comme sujet mythologique, et en second lieu, comme contraste avec l'impuissance de M. de Langeac qui n'acheva pas sa cathédrale.

Le clocher de Saint-Étienne est séparé de l'église à laquelle il devait être rattaché par la nef. Il est placé sur le côté droit, et porté sur une voûte en pendentif, soutenue par quatre piliers.

Il fut érigé, suivant les chroniques, en 1190, et en 1212 suivant le P. Saint-Amable. Quoi qu'il en soit, il est évident qu'il est beaucoup plus ancien que l'église; ses ogives sont à peine en tiers point, et sur leurs archivoltes non plus que sur les contreforts, on ne retrouve les feuilles d'artichaut en crochets, ou même les plantes grasses retombantes qui les ont précédées.

Ce clocher était d'une grande élévation, la pyramide quadrangulaire qui le terminait, fut abattue par la foudre en 1483. On la reconstruisit en bois et en plomb, mais le tonnerre y mit encore le feu en 1571. La charpente fut consumée et la flèche détruite jusqu'à son embase. Dans cette lutte entre les hommes et le fluide électrique, les hommes cédèrent, et la tour est restée inachevée ainsi que ses clochetons.

Il serait indispensable aujourd'hui, ou de rétablir la pyramide, ou de niveler le sommet de la tour et d'y établir une plate-forme et une balustrade. Le panorama de la ville et des vallées de la Vienne serait admirable du haut de ce belvédère, qui, dans son état actuel, porte dans les airs et annonce de loin aux voyageurs l'incurie ou le mauvais goût des administrateurs de Limoges.

Profitons du sinistre arrivé au clocher de cette cathédrale, pour rappeler qu'un grand nombre d'édifices élevés sont dépourvus de l'armature inventée par le génie de Franklin. Il est d'autant plus nécessaire d'en munir les flèches de nos églises, que leur pointe fend la colonne d'air et attire le fluide électrique. La belle pyramide de Strasbourg est exposée, sans défense, à l'action des tempêtes, et chaque jour nous pourrions apprendre qu'elle a été détruite.

La surveillance et l'intervention conservatrice de l'autorité supérieure, deviennent chaque jour plus nécessaire. M. Mérimée nous révèle, sur ce point, un fait curieux et caractéristique; nous le citons sans réflexions, elles seraient superflues : « Un conseil municipal du Finistère, vient de » rejeter la proposition d'une allocation de 12 fr. destinée à faire redorer la pointe d'un para- » tonnerre élevé aux frais du maire, sur l'église de la commune ! » J'ajouterai que cette église est un des plus beaux édifices de la Bretagne.

SAINTE-CÉCILE D'ALBY.

Alby est célèbre moins pour la grandeur de la ville, que pour l'importance des guerres religieuses auxquelles elle a donné son nom.

Vers le milieu du XIIe siècle, l'esprit d'examen et de réforme ecclésiastique se répandit dans le midi de la France, plus commerçant et plus civilisé que le nord. Les novateurs divisés en plusieurs sectes de *Catharins*, de *Patarins*, de *Henriciens*, de *Petrobusiens*, furent anathématisés dans divers conciles, sous le nom général d'Albigeois, ainsi que leurs protecteurs, les comtes de Toulouse, de Foix, de Béarn, et le vicomte de Béziers.

L'excommunication religieuse, outre la damnation dans l'autre monde, entraînait la confiscation dans celui-ci; et les princes français, par une politique ambitieuse, se rendirent promptement les exécuteurs des hautes-œuvres pontificales.

Ces guerres terribles commencèrent par le sac de Béziers, où 60,000 individus, orthodoxes ou hérétiques, furent massacrés et jetés dans les flammes, aux encouragemens frénétiques du légat Milon, qui s'écriait : « *Tuez toujours, Dieu reconnaîtra les siens !* » On connaît les exploits du sanguinaire et valeureux comte de Montfort, chef des croisés; les malheurs de Raimond VI, forcé de marcher contre son neveu, comme Louis XIV eût été contraint d'attaquer son petit-fils, si sa grande ame n'avait préféré la ruine possible au déshonneur certain; l'abaissement de Raimond VII, comte de Toulouse, qui se jetait aux pieds du pape et cédait une partie de ses états au roi de France; enfin, les épisodes guerriers, religieux et politiques de ces temps palpitant d'intérêt historique, dans lesquels la *langue d'Oc* succomba sous les coups de sa sœur du nord, la *langue d'Oïl.*

Cet immense tableau attend encore un peintre; les résultats de ces luttes acharnées, si la réforme du XVIe siècle avait triomphé en France dès le XIIe, attendent un appréciateur; l'humanité et la religion un vengeur et un juge.

Les Albigeois se perpétuèrent dans la secte des Vaudois; ceux-ci, persécutés dans le XVIIe

siècle, se réfugièrent dans les hautes vallées du Piémont. Il serait curieux aujourd'hui d'examiner et d'étudier de près les transformations successives de la foi et de l'intelligence, de ces héritiers des dogmes languedociens, de ces enfans du midi appendus aux rochers neigeux des Alpes. Là, du moins, les hommes ont cessé de les poursuivre, et, entre eux et le créateur, il n'y a plus que des nuages légers, dégagés des vapeurs et, nous aimons à le croire, des passions et des intérêts de la terre.

Retournons à la capitale du Tarn.

L'origine d'Alby se perd dans la nuit des temps; si l'on en croit Scipion Dupleix, son annaliste, cette ville fut fondée par Galates, deuxième du nom et vingtième roi des Gaulois, qui l'aurait fait bâtir, en mémoire de son père Albius, 1300 ans environ avant l'ère chrétienne, dans le temps où Janus fondait le royaume des Latins en Italie.

La ville d'Alby, prise successivement par les Sarrasins en 730, par Pépin en 765, et soumise à Montfort pendant les croisades, se donna enfin, en 1226, au roi de France Louis VIII, qui daigna l'accepter.

La cité moderne, peuplée de 12,000 ames, domine une colline dont les pieds sont baignés par le Tarn; ses maisons, en général, sont mal construites, et les rues mal pavées. Cependant le nouveau quartier du Vigan est agréable; des boulevards circulaires ont remplacé les murailles, et les lices d'Alby, théâtre des duels judiciaires, sont transformées en magnifiques promenades; des fontaines publiques tempèrent les chaleurs de l'été par leurs eaux fraîches et abondantes; et, du haut du quartier de Castel-Viel, la vue se promène sur la rivière, le pont et le faubourg de Cahors, qui étend ses longs bras dans une campagne riche et verdoyante.

On remarque, à Alby, la Préfecture, l'Hôpital général et l'Église de Sainte-Salvi, construite sur l'emplacement d'un édifice élevé dès les premiers âges du christianisme. L'église, dont la nef est du XIIIᵉ siècle, renferme des chapelles des IXᵉ et Xᵉ siècles; le cloître, qui subsiste encore en partie, est intéressant, ainsi que le clocher, d'architecture arabe, et orné de pilastres, colonnes et chapiteaux de bon goût.

La *Cathédrale*, dédiée à sainte Cécile, est un immense édifice en briques, appuyé sur de hautes murailles qui descendent, du côté de la ville, jusqu'au bas du rocher, et sont munies de contreforts demi-elliptiques.

Cette église, commencée en 1282 par l'évêque Bernard de Castanet, et continuée pendant deux cent trente ans, ne fut achevée qu'en 1512. La longueur du vaisseau, dans œuvre, est de 283 pieds 10 pouces, et de 323, si on y comprend la tour placée sur la façade; sa largeur est de 52 pieds, sans les chapelles, et de 104 avec celles-ci; la hauteur, sous clé de voûte, est de 90 pieds 6 pouces, à partir du pavé, et de 117 pieds depuis le bas des murailles à l'est.

Le vaisseau a la forme des anciennes basiliques, sans transepts, ce qui augmente encore à l'œil sa grandeur réelle.

La tour, dont la base est de 112 pieds au-dessus du Tarn, a 290 pieds de haut, suivant les auteurs qui l'ont décrite; je croirais son élévation moindre. Quoi qu'il en soit, on l'aperçoit de plus de dix lieues, en venant de Toulouse, et le panorama que l'on découvre de sa galerie est immense. Cette plate-forme octangulaire a 33 toises carrées de surface.

Mais l'église et la tour sont construites en briques, et la matière et la couleur nuisent à la richesse de l'ensemble et à la grandeur de l'effet.

On pénètre dans la cathédrale par un portail latéral qui s'élève en escaliers larges et majestueux, sous une vaste arcade à jour supportée par des piliers élégans, enrichis d'arabesques et de dentelures du travail le plus fini. On doit cependant regretter que cet édifice ne soit pas dégagé, et qu'il n'ait pas été possible de ménager une entrée par la façade. On perd la moitié du coup-d'œil de la nef, ainsi qu'il arrive dans la belle salle des Procureurs, au Palais de Justice, à Rouen, depuis que l'on a déplacé l'escalier.

Un jubé sépare l'église en deux parties presque égales, la nef et le chœur. Il est composé de trois arcades centrales, et de deux portes latérales ornées d'une grille de la plus grande magnificence.

Les arcades se divisent en une double ogive trilobée, surmontée d'un fronton aigu orné de feuilles d'artichaut; les clés pendantes sont d'une grande richesse, et produisent une impression mêlée de surprise et d'admiration. Une galerie à jour règne tout le long de la corniche, et d'élégans clochetons, œuvre qui le dispute en finesse au tissu d'Arachné, soutiennent un Christ en croix, et deux statues de saint Jean et de la Vierge; ces dernières sont trop courtes, mais d'une gracieuse naïveté.

Le mur qui entoure le chœur est percé de fenêtres à ogive à jour, composées de plusieurs menaux et de leurs compartimens supérieurs, et séparées par des piliers pyramidaux ornés également de feuilles renversées. Le dais et les consoles sont profondément fouillés. Malheureusement la plupart des statues qui reposaient dans les niches ont été brisées; celles qui restent sont encore trop courtes.

On justifie ce défaut par une explication qui ressemble à une épigramme. L'archevêque Louis d'Amboise, à qui l'on doit cette magnifique clôture circulaire, était d'une taille un peu ramassée, et les artistes ont voulu lui faire la cour en modelant les saints sur son patron. *Où la flatterie va-t-elle se nicher?* Flatterie malheureuse, au reste, et qui éterniserait seulement la vanité du prélat et la bassesse des statuaires!

Au-dessus du Christ placé au milieu du jubé s'élevait une chaîne rattachée à la voûte, et soutenant une lanterne dorée que traversait le premier rayon de soleil au jour des équinoxes. Ce monument astronomique a été détruit, et il n'était pas plus coupable cependant que le gnomon tracé à Bologne dans Saint-Pétronne, ou celui placé dans Saint-Sulpice, à Paris.

Sainte-Cécile est remarquable par ses peintures à fresque, si communes en Italie et si rares en France. Le plafond semi-circulaire est un immense musée religieux composé de tableaux encadrés par les arrêtes de la voûte, et relevés de couleurs éclatantes d'or et d'azur. Ces fresques, commencées en 1502 par des artistes venus de Florence et de Milan, sont d'une bonne école; elles rappellent, pour l'effet, saint Marc de Venise, et, en petit, pour le talent, le célèbre *Laggie* du Vatican.

Ces peintures représentent des anges, des patriarches, des prophètes, des vierges et des martyrs au milieu des rinceaux, des enroulemens, des feuillages et des arabesques. Ces tableaux sont heureusement purs de dessin, riches de coloris, et les poses naturelles; les physionomies sont graves et les draperies bien agencées. Ainsi l'on ne peut dire au décorateur de la cathédrale d'Alby le mot du statuaire athénien : «*Tu ne pouvais faire un beau temple, tu l'as fait riche!* »

BOISERIE DU MUSÉE DE DIJON.

La chartreuse de Champmol, fondée en 1396 et achevée en 1402, était située aux portes de Dijon. Elle renfermait les admirables tombeaux de Philippe-le-Hardi et de Jean-Sans-Peur, transportés depuis dans le musée de cette ville. L'église avait été détruite pendant la révolution, et il restait seulement un beau portail. Le 24 juin 1836, une main sacrilége brisa, pendant la nuit, le dais qui couvrait la statue de Philippe-le-Hardi, sa tête et ses mains, chef-d'œuvre du célèbre *Ymaigier* hollandais Jean Sluters. Ce sculpteur habile avait été recueilli dans le monastère pendant qu'il y travaillait. On nous a conservé les termes naïfs de la concession de l'abbé qui lui donna : « une chambre près du réfectoire pour qu'il eust sa demeure et aisance pour lui » et son varlet; et chascun jour de la sepmaine, une pinte et demie du vin du couvent, mesure de Dijon, et pareillement sa pitance comme l'un des chanoines. »

La boiserie objet de la lithographie, est un fragment du couronnement du siége destiné dans le sanctuaire de la *chartreuse*, au prêtre, au diacre et sous-diacre, pendant le service divin. Cet ouvrage, d'une admirable légèreté et d'un fini précieux, est dû aux travaux de Jean Duliège, *maître charpentier;* il a coûté 350 livres. La pauvreté du titre n'excluait pas la richesse du talent.

ÉGLISE DE VILLEFRANCHE.

FRAGMENS DU PORTAIL LATÉRAL DE SAINT-GERMAIN-L'AUXERROIS.

Villefranche, fondée dans le XIe siècle par les seigneurs de Beaujolais, s'appelait d'abord *Lunna.* Elle dut son accroissement, dit la légende, à la piété de moutons qu'un berger aperçut agenouillés devant une statue de la Vierge. La chapelle qui consacra ce miracle, connue d'abord sous le nom de Notre-Dame-des-Marais, fut agrandie et devint l'église paroissiale, monument gothique élégant, reproduit par M. le comte de Laborde, dans son bel ouvrage[1].

Villefranche, qui compte 7,000 habitans, présente une singularité. Elle est renfermée dans l'enceinte de l'ancienne ville, et tous ses faubourgs appartiennent aux quatre communes rurales voisines. Cette anomalie, contraire aux intérêts des cités, et qui est fréquente en France, demande une réforme de la part de l'administration.

L'église paroissiale, construite pendant la seconde moitié du XIVe siècle, est du troisième ogival et d'un très-bon style. Elle est accotée d'une tour carrée construite en 1518, et qui était surmontée d'une superbe flèche, l'une des plus hautes du royaume, détruite par la foudre en 1566. Nouvel appel aux paratonnerres!

Les fragmens gothiques de Saint-Germain-l'Auxerrois, joints à cette planche, ne demandent aucune description.

---

[1] *Voyage en France.*

ENTRÉE

DE

LA VILLE DE VENDOME.

Petite ville de huit mille ames environ, sur le Loir, Vendôme doit son origine au *Castrum Vendocinum* bâti sous les Romains. Dans les actes anciens, cette ville est appelée *Ventorum Dunum*, d'où *Ventorum Domus*, d'où Vendôme, nom bien justifié par la position de l'ancien château bâti sur une colline battue par les vents.

Le château de Vendôme était flanqué de six grosses tours réunies par de hautes courtines, et ceintes d'un fossé profond. Cet édifice ne présente plus que des ruines d'où la vue descend agréablement sur la ville, ses trois promenades, ses édifices religieux à flèches élevées, les canaux du Loir et un pays fertile.

Vendôme fut érigée en duché pairie en 1514; et Henri IV en investit César, grand amiral de France, fils légitimé de ses amours avec Gabrielle d'Estrées. Son illustre descendant, Louis de Vendôme, après avoir vaincu Eugène à Luzara et à Cassano, sauva l'Espagne, et la France peut-être, à Villaviciosa, où il fit coucher Philippe V sur les drapeaux ennemis, lit de famille d'un descendant du Béarnais!

Les tombeaux de Jeanne d'Albret, mère de Henri IV; du roi de Navarre, père de ce monarque, et de plusieurs autres princes de la maison de Bourbon, furent détruits en 1793, ainsi que le château.

Après avoir reçu deux fois le parlement de Paris, Vendôme fut le siége de la haute-cour instituée en 1795 pour juger les fonctionnaires publics accusés de crime de lèse-nation, crime frère de celui de lèse-majesté comme la haute-cour était la sœur des commissions établies par nos rois, et que le moine de Marcoussi a si sévèrement et si justement traitées dans un mot à jamais historique. Les hommes et leurs passions restent toujours les mêmes, ce sont les noms seuls qui changent!

La Porte d'Entrée de Vendôme, devenue l'Hôtel-de-Ville, est un specimen parfaitement conservé de l'architecture militaire au moyen-âge, avec ses tours, ses créneaux et ses machicoulis.

MAISON CONSTRUITE EN BOIS,

A ANGERS.

L'esprit de contradiction agit plus généralement et plus profondément sur l'homme qu'on ne le pense communément. Il y a dans ses goûts, dans sa constance, une pensée de lutte cachée souvent sous l'apparence de l'amour de la conservation. Chez les peuples jeunes comme les Américains, on aime les monumens relativement anciens, on croit se vieillir de leur âge, lorsqu'ils ont passé plusieurs générations; on les dédaigne, au contraire, chez les nations antiques, comme la France, à moins qu'on ne soit ramené à leur culte par une civilisation plus élevée et plus instruite. Parmi les curiosités que les *Ciceroni* des États-Unis montrent aux étrangers, ils les conduisent toujours devant quelque misérable bicoque de bois ou debriques, sans aucun caractère architectonique; j'ai éprouvé plusieurs fois cette déconvenue à New-Yorck, à Rochester, capitale de la vieille Virginie, *old Virginia*, comme ne manquent jamais de le dire avec un certain orgueil ses habitans; à Philadelphie, à Boston, où l'on m'a mené au vieux *friend meeting house merion* et à l'habitation d'Anne-Street, maisons construites en 1782 et 1680, de la plus sale et de la plus chétive apparence. Je me rappelle encore l'air satisfait et emphatique avec lequel mon guide transantlantique me disait : *it is the oldest house in our country*.

Après avoir long-temps méprisé nos anciennes maisons, on commence à les remettre en honneur; les études historiques sont dirigées maintenant sur les mœurs privées, et il devient indispensable de pénétrer dans les demeures particulières de nos aïeux, que les Anquetil, les Vertot, les Vély, les Daniel, dédaignaient pour le seuil des palais. M. Delaquerrière a fait un ouvrage sur les vieilles maisons de Rouen; M. le comte de Laborde sur celle des Chevaliers, à Viviers; M. de Jolimont s'est occupé de celles de Caen, de l'hôtel de l'ambassadeur d'Angleterre, à Dijon; M. Challamel a publié et a exposé un ouvrage au Musée, sur une maison de Lisieux; M. Durand a recueilli les dessins de la maison des Ecuyers, à Chartres, et du bel hôtel des Andelys; M. Dibon a reproduit la maison dite des Templiers, récemment détruite à Louviers; on fait des recherches à Soissons, Laval, Toulouse; et sous peu les archéologues auront réuni une masse de descriptions et de dessins suffisans pour créer une des branches de la science dans un sujet exploité uniquement jusqu'ici par la plume agréable et le pinceau pittoresque plutôt que fidèle des romanciers de l'époque.

ÉGLISE

DE

NOTRE-DAME DE L'ÉPINE.

A deux lieues de Châlons-sur-Marne, sur la route d'Allemagne, au détour d'un chemin encaissé, au haut d'une colline sablonneuse, dans un pays pauvre et triste, apparaît tout-à-coup, aux yeux du voyageur frappé d'une surprise mêlée d'admiration, un édifice religieux d'une grandeur imposante et d'une architecture légère : c'est Notre-Dame de l'Épine.

Cette église fut fondée en 1400 ; elle doit sa naissance à une de ces légendes du moyen-âge, également pieuses et naïves.

Dieu était apparu à Moïse au milieu de la foudre et des éclairs, dans un buisson de feu, sur la haute montagne d'Horeb, en Palestine ; la Vierge apparut, en France, la nuit, au milieu d'un riant bosquet fleuri, sur la colline de Courtisols. Les troupeaux se réunissaient autour d'un bosquet odoriférant, une douce lumière s'en échappait mystérieusement, et éclairait l'humble paysage lorsque la lune cachait ses rayons argentés. Les bergers curieux s'approchèrent et trouvèrent au pied d'une aubépine couverte de son manteau parfumé, une statue de la Vierge, tenant son fils dans ses bras, symbole éternellement beau de la douce maternité.

La piété s'émut, le curé de Mellette, commune voisine, abandonna son rustique presbytère pour venir habiter un lieu consacré par des miracles ; les paroissiens le suivirent, un nouveau village fut bâti autour de l'église fondée sur l'emplacement du buisson d'arbustes, et l'on donna, par une douce association d'idées, le double nom de *Notre-Dame de l'Épine* au temple et aux maisons modestes qu'il devait protéger.

Mellette et Courtisols, deux misérables hameaux, osèrent entreprendre un vaste édifice digne d'une capitale ; ils le commencèrent en belles pierres de taille sculptées, dans un pays où l'on ne trouve que du sable, et dont les carrières sont éloignées de plusieurs lieues, ils se confiaient en Notre-Dame dans le ciel, et aux mères sur la terre ; leur attente pieuse ne fut pas trompée. Les voituriers apportaient en cadeau quelques pierres en passant, les pèlerins offraient leurs journées de corvée, les compagnons maçons leurs bras intelligens, les prêtres des environs et leurs paroissiens, le produit des aumônes. Charles VII et Louis XI envoyèrent de l'argent. Les villes de Châlons et de Vendôme donnèrent des reliques, le duc de Lorraine des cloches, enfin l'édifice fut achevé, décoré et béni en 1429.

J'ai donné de préférence une vue latérale de Notre-Dame de l'Épine, afin que l'on pût embrasser l'ensemble de son vaisseau, des transepts et des tours, et reconnaître son caractère anglais bien marqué.

Ce fut en effet un architecte de cette nation nommé Patrice, qui donna le dessin et éleva une partie de l'église ; il s'engagea de plus à construire les deux tours de la façade moyennant 600 livres tournois d'appointemens, somme fort considérable alors. On la lui remit sous le cautionnement de deux bourgeois de Châlons, on lui confia de plus quelques autres sommes pour payer les ouvriers, mais l'honnête Patrice disparut emportant les deux clochers, c'est-à-dire l'argent dans sa poche.

Louis XI, délivré de la souricière de Péronne, où jamais si gros rat n'avait été pris, dit un chroniqueur contemporain, Louis XI, après avoir aidé à la ruine des Liégeois, qu'il avait soulevés contre son beau cousin de Bourgogne, vint en pélerinage à Notre-Dame de l'Épine.

Deux clochers également gracieux, mais inégalement élevés, décoraient la façade principale. La flèche de l'un d'eux a été abattue au commencement de ce siècle, pour faire place à un télégraphe dont la pose sur un édifice religieux me semble d'une haute inconvenance qu'il est inutile de développer.

La tour méridionale de Notre-Dame de l'Épine, bâtie en 1529, par un maçon nommé Guichard, s'élève avec hardiesse et fermeté tout à la fois ; des contreforts élégamment sculptés, la fortifient et l'accompagnent jusqu'à la plate-forme de la galerie d'où commence la flèche. Cette pyramide à jour, et toute en pierre, est composée de six consoles qui se déroulent et s'élancent dans les airs, reliées de divers cercles sculptés. Les six jets se réunissent au sommet en un bouquet de fleurs retombant en panache autour d'une boule qui supporte la croix. Des clochetons élégans s'élevant en double étage des angles de la tour, laissent passer les rayons lumineux, et servent à embellir la transition de la maçonnerie carrée, à la forme octogonale, et de celle-ci à la fusée circulaire de la flèche. Au milieu de la pyramide, s'arrondit une couronne royale de France, qui la consolide par un utile et riche ornement : c'est un monument de la générosité de Charles VII et de la gratitude des habitans du village.

La façade est percée de trois portes ; celle du milieu, surmontée d'une belle rose encadrée dans les tores d'une ogive surbaissée, est plus large du double que les portes latérales ouvertes sur les tours, et ces dernières ont également pour premier étage, de vastes fenêtres d'un arc plus aigu, divisées par des meneaux, et supportant les dais dont les statues ont été malheureusement détruites. Au milieu des doubles ouvertures à auvens des tours, s'élevait un gable à trois pointes triangulaires, surmonté d'une croix ; mais cet ornement renversé par les années n'a pas été reconstruit, il reste coupé à la moitié de sa hauteur et nuit à l'effet général, qui est grandiose et riche de sculptures.

L'intérieur de la nef est majestueux ; des bas-côtés et des chapelles en augmentent l'effet, les transepts sont éclairés par de vastes fenêtres ogivales ; mais les vitraux, semblables à ceux à jamais regrettables de Saint-Nicaise de Rheims, ont été brisés.

Un jubé presque aussi beau que celui de Saint-Étienne du Mont et de la Madeleine, à Troyes, mais d'un autre caractère, présente l'avantage et les inconvéniens de cette sorte de décoration devenue peu commune aujourd'hui.

Nous donnerons, en terminant, les seules dimensions de cet édifice que nous ayons pu nous procurer.

La flèche a 155 pieds de haut ; l'église 200 pieds de long, dans œuvre ; la croix 93 pieds ; et la nef, ainsi que le chœur, 38 pieds de large.

SAINT-SÉVERIN.

Saint-Séverin fut fondé en 548, par le saint dont il porte le nom. C'était d'abord un simple oratoire, qui fut transformé en église, vers la fin du XIᵉ siècle. L'édifice primitif fut successivement reconstruit; la nef, le chœur et la tour, élevés dans les XIVᵉ et XVᵉ siècles, sont du troisième ogival.

Le crayon de M. le comte Turpin de Crissé avait représenté judicieusement Saint-Séverin sur son flanc nord qui prolonge la rue à laquelle l'édifice religieux impose son nom. M. Chapuy, dans la lithographie que nous donnons aujourd'hui, a reproduit avec sa fidélité pittoresque ordinaire, la façade et la nef du côté méridional, vers la rue de la Par-cheminerie.

Cette église a été déjà décrite par M. de Cousen-Courchamps, dans les *Souvenirs du Vieux Paris ;* nous renvoyons nos lecteurs à son article piquant d'*humeur française*, qui vaut bien l'*humour* de nos voisins de la Grande-Bretagne.

HOTEL-DE-VILLE D'ARRAS.

Arras est une ville des anciens Gaulois ; elle était la principale cité, *l'oppidum* des *Atrebates*, dont elle a tiré son nom, avec les altérations causées par le temps et la succession des langues. Les Romains appelèrent Arras tantôt *Origiacum*, tantôt *Nemotecenna*, tantôt enfin *Atrebatium*.

Les Bretons en 407, les Normands en 880, pillèrent et saccagèrent *Atrebatium*, qui demeura désert pendant trente années ; les malheureux restes de ses habitans s'étaient réfugiés à Beauvais, la religion ramena de la population autour de saint Waast, abbaye fondée sur les bords du Crinchon et de la Scarpe, dans la basse ville.

Arras fit partie des vastes états du duc de Bourgogne ; assiégée par Louis XI en personne, cette malheureuse cité fut prise d'assaut et entièrement saccagée, le vainqueur chassa les vaincus échappés au carnage, et voulut même abolir le nom d'Arras qu'il changea en celui de *Franchise*. C'est ainsi que de nos jours Lyon fut appelée forcément *Ville affranchie*, que *Moulins-en-Gilbert*, petit bourg de la Nièvre, s'affubla volontairement, mais inutilement aussi, du nom bizarre de *Brutus-la-Montagne* !

Arras passa dans la maison d'Autriche à la mort de Charles-le-Téméraire, et de là dans la dynastie espagnole ; il fut réuni à la France en 1640, par Richelieu, qui dirigea les opérations du siége. Les anciens possesseurs de la ville avaient écrit sur les portes un distique ridicule comme celui des habitans de Cassel. On connaît ce dernier, je rapporterai seulement le premier :

> Quand les Français prendront Arras,
> Les souris mangeront les chats.

Les soldats du régiment de Champagne effacèrent le *p*, et l'inscription subsista plusieurs années pour attester la bravade et la victoire.

Arras possédait un grand nombre de monumens religieux, comme on peut s'en convaincre par les anciennes descriptions et par le beau plan en relief de la galerie des Invalides, exécuté sous Louis XIV. Parmi les édifices on remarquait surtout la vaste cathédrale de *Notre-Dame*, flanquée de huit tours et munie de transepts, de bas-côtés et de chapelles latérales, l'antique abbaye de saint Waast, qui par ses proportions rappelait l'admirable église de Saint-Bertin à Saint-Omer, dont elle reproduisait les formes majestueuses, et jusques à la tour placée sur le portique principal. Ces monumens n'existent plus, la préfecture a été bâtie sur l'emplacement de la cathédrale, la basilique gothique de Saint Waast a été remplacée par une église du style grec d'une vaste étendue et d'une architecture grandiose, mais qui n'est ni accotée de tours, ni surmontée de dôme, et présente ainsi un toit immense et lourd à l'extérieur, qui fatigue l'œil et attriste la perspective générale de la ville.

L'église de Saint-Louis, cathédrale actuelle, est sans importance, et, sauf la salle de spectacle, les quatre villes d'Arras, y compris la citadelle, ne comptent que des monumens militaires, l'Arsenal, le Manége, les Casernes, les Magasins, etc. La population est de près de vingt-cinq mille ames.

L'Hôtel-de-Ville est intéressant par son architecture, mais il présente malheureusement la réunion de deux édifices d'un style opposé, défaut qu'il partage avec celui de Gand. Le beffroi vient d'être abattu jusqu'à la moitié pour être réédifié, des fonds sont votés, un architecte habile et consciencieux est choisi, la construction reproduira fidèlement le premier monument, et dans quelques années ce beau campanile, nouvel Éson de pierre, portera dans les airs à la hauteur de 240 pieds sa tête rajeunie et décorée de son antique couronne ducale.

ANCIEN PALAIS DES DUCS DE LORRAINE,

A NANCY.

Nancy a été le berceau de l'illustre famille de Lorraine, assise aujourd'hui sur le trône impérial d'Autriche, et le tombeau de *Charles-le-Téméraire*, que les Anglais, plus justes appréciateurs de son courage, nomment Charles-le-Hardi[1]. La mort de ce puissant duc de Bourgogne et le sort de son vaste héritage, sont liés intimement à l'histoire de la France, dans les quatre

---

[1] Charles the bold.

derniers siècles; et le drame politique et guerrier, dont ces contrées sont le théâtre et l'objet, n'est pas encore terminé. Toute digression sur ce point, serait ici un hors-d'œuvre, et je soumettrai bientôt au public, dans un ouvrage spécial, mes études sur le passé, et des considérations sur l'avenir de nos frontières du nord. Je rentre donc dans la description de Nancy.

Cette ville, capitale du duché de Lorraine, fut fondée dans le xie siècle. Elle était divisée en Ville Vieille et Ville Neuve, aujourd'hui réunies par les places Royale, des Carrières et de l'Alliance, entourées de magnifiques bâtimens, par le vertueux Stanislas, dont toute la bienfaisance politique est résumée dans cet axiome qu'un poète latin avait appliqué bien différemment. *Aimez le peuple, si vous voulez être aimé par le peuple.* Excellent prince! pour qui semble écrit ce vers de la Henriade :

Le peuple allait le voir et revenait heureux.

La statue du roi de Pologne, duc de Lorraine et de Bar, s'élève maintenant à la place de celle de Louis XV: c'est le jugement de la postérité.

Nancy est une très-belle ville dont les rues, dans la nouvelle cité, sont alignées et coupées à angles droits. On y remarque la cathédrale, édifice moderne, dont les clochers ont 240 pieds de haut; le Palais de Justice, la Bourse, les Casernes, la Rotonde des Cordeliers où sont déposés les mausolées des princes lorrains; les églises Saint-Épvre, Saint-Sébastien, le temple des Protestans, ancienne église catholique, et Notre-Dame de Bon-Secours, chapelle fondée par Stanislas, qui renferme le tombeau de la Reine, par Adam, sculpteur estimé, et celui du Roi, dont le mausolée en marbre est l'œuvre de Louis Vassé, élève de Bouchardon et de Félix Lecomte.

L'ancien palais des ducs de Lorraine, commencé en gothique et terminé dans le style de la renaissance, est surtout remarquable par son portique et un magnifique escalier en spirale; il sert aujourd'hui, si je ne me trompe, de Caserne pour la gendarmerie départementale.

ÉGLISE SAINT-JEAN, A ELBEUF.

Elbeuf était une ville ancienne et déjà considérable au commencement du xive siècle.

Elle florissait par ses manufactures, sous Louis XIV, grâce aux sages réglemens et à la protection de Colbert; mais le fanatisme du confesseur détruisit le bien fait par un ministre éclairé, et le petit-fils de Henri IV, condamna d'un trait de plume à la déportation ses coreligionnaires, dont le sang et l'or avait conquis le trône de saint Louis pour son père.

La révocation de l'édit fut aussi désastreuse pour la France, que l'expulsion des Maures pour l'Espagne. Les deux États perdirent chacun près d'un million de leurs sujets les plus industrieux et les plus commerçans. Toute la puissance de l'Espagne s'écoula par cette plaie dont saigne encore la France. L'étranger s'enrichit de nos pertes; Leyde, Amsterdam, Londres, Leicester et Berlin, eurent des faubourgs entiers peuplés de réfugiés, tandis que nos cités manufacturières devenaient désertes! Les édits bienfaisans de Louis XVI ne guérirent pas le mal; mais du moins les ordonnances de ce bon prince, trop faible pour le temps de fer où il vécut, furent un hommage tardif à la tolérance, et une expiation légale du passé!

Elbeuf, ville de 12,000 ames, contient deux églises : Saint-Étienne inachevé, mais remarquable par ses colonnes octogones surmontées d'une couronne ducale élégante, sa chapelle de la Vierge et ses vitraux; et Saint-Jean, paroisse principale, qui contient aussi de belles verrières.

L'architecture de cette dernière église, est moderne pour la façade et l'intérieur, et, ogivale, en partie, à l'extérieur; ces deux styles sont mariés sans grâce et sans talent. Mais leur accord est beaucoup plus heureux dans le clocher, dont l'effet est original.

La tour, jusqu'à la première galerie, est ogivale, de style mi-partie ternaire mi-partie quaternaire. Il est fâcheux que les deux grandes fenêtres du milieu soient bouchées par un ignoble plâtre attaché aux meneaux. Le dernier étage est surmonté d'un dôme en pierre qui s'arrondit avec grâce, et se termine par un clocheton. Cette toiture est de *la renaissance*, et pareille à celle de la tour de Saint-Pierre, à Dreux, achevée également dans un temps de transition.

Mais ce qui doit frapper le plus, à Elbeuf, c'est l'adresse avec laquelle l'artiste a su lier le gothique au classique, par ses contreforts détachés du *square* de la tour et couverts par des crochets fleuronnés, mais couronnés par des statues dont ils sont le piédestal riche et fuselé. Il est encore à regretter que tous les piliers n'aient pas été achevés, et que la campanille centrale n'ait pas été surmontée elle-même par un obélisque du même caractère, portant saint Jean, comme la pyramide de saint Georges, à Londres, soutient la statue du patron de l'Angleterre. Ainsi complétée, la tour d'Elbeuf, dont les clochetons rappellent en petit les belles aiguilles de la cathédrale de Milan, décorerait le port, la rue principale de la ville, et donnerait au riant paysage qu'elle domine, un aspect plus pittoresque encore. Sa forme heureuse, prouverait aussi à des critiques de mauvais ton, qu'on peut être fabricant de drap et avoir du goût dans les arts.

CHAPELLE DU SAINT-SANG,

A BRUGES.

Bruges, ville importante de la Belgique, est de forme circulaire; son enceinte, d'une lieue et demie environ, est formée d'un double rempart composé de tours réunies par des courtines, et défendues également par un double fossé.

Cette ville avait déjà droit de cité au VIIe siècle : fortifiée en 837 et 960, elle fit partie de la puissante association connue sous le nom de *Hanse*, aux XIIIe et XIVe siècles, alors que le Brabant appartenait à des ducs particuliers; Bruges était la capitale et le séjour des comtes de Flandre. Son histoire, commercialement, politiquement et constitutionnellement, est importante; mais, moins heureux que les républiques italiennes du moyen âge, *les quatre membres de Flandre* n'ont pas encore trouvé leur Sismonde de Sismondi.

On compte à Bruges environ 3o,ooo habitans, six mille maisons, plusieurs canaux et un grand nombre de ponts, d'où lui est venu son nom flamand *Brugge*.

La cathédrale fondée en 865, par le comte Baudouin dit *Bras-de-Fer*, renferme le tombeau de Jean Van Eyck, inventeur de la peinture à l'huile, en 1410. On a conservé deux de ses tableaux, l'un de 1430 et l'autre de 1439. La collégiale de Notre-Dame contient les admirables mausolées de Charles-le-Téméraire et de Marie, sa fille.

Les autres édifices sont les Halles, surmontées d'une tour gothique de plus de 200 pieds de haut, l'Hôtel-de-Ville, bâtiment du même style, flanqué de cinq tourelles, commencé en 1376 par le comte Louis-de-Mâle, l'église Saint-Sauveur, dans laquelle on conserve deux beaux tableaux de Van Os, et diverses autres constructions religieuses et civiles.

La chapelle du Saint-Sang, fondée sur une tradition miraculeuse, est adossée à l'Hôtel-de-Ville. La nef était d'un caractère ogival, et cependant son portique avait été embelli par quelques arcades et des arabesques de la renaissance. Cet édifice est en ruines, il en reste seulement les murs reproduits par la lithographie, et la tourelle qui réunit la grâce à l'originalité.

MANOIR DE SAINT-OUEN,

PRÈS CHATEAUGONTIER.

Plusieurs ouvrages sont publiés en ce moment en France sur nos châteaux actuels, moins riches que ceux de l'aristocratie britannique, mais plus intéressans. Ceux d'outre-Manche, bâtis à l'antique dans les temps modernes, ressemblent, par leurs matériaux neufs et leurs formes anciennes, à de vieux haillons jetés sur les épaules d'une jeune fille. Ces publications méritent d'être encouragées parce que les édifices qu'elles décrivent sont hors de proportion avec nos fortunes nivelées, et tendent chaque jour à disparaître; on s'y attache comme à des amis dont l'existence est attaquée, et que bientôt on ne pourra plus que regretter.

Après cette digression, qui sent un peu l'éloge des Dieux de Simonides, je reviens au manoir de Saint-Ouen, charmant châtelet de la renaissance, dû au crayon heureux et facile de M. le comte Turpin de Crissé. Je n'ai qu'un mot à dire de cet édifice, il n'appartient pas à l'histoire, et doit tout à son peintre; qu'on regarde donc le dessin de ses colonnettes perpendiculaires et à spirales, ses frises légères, ses machicoulis enfantins et gracieux, ses fenêtres à couronnes, les galeries à jour de son escalier, car tout l'article est dans la lithographie.

DE SAINT-GERVAIS.

A PARIS.

L'église paroissiale placée sous le vocable de Saint-Gervais et Saint-Protais est fort ancienne, elle existait dès le xi siècle. Devant le parvis était planté un orme sous lequel se faisaient les publications et se rendaient les jugemens, même par les rois, témoin le chêne de Vincennes; l'ormeau de Saint-Gervais, arbre chargé de plus de trois siècles, existait encore il y a une cinquantaine d'années, et il est un de ceux qui avaient donné naissance au proverbe populaire.

L'église, rebâtie en 1212 a été restaurée et agrandie en 1581, sa longueur est d'environ 250 pieds y compris la chapelle de la Vierge, sa hauteur est de près de 100 pieds sous clé. Les voûtes sont hardies et l'effet du vaisseau imposant, mais les maisons trop voisines assombrissent les bas-côtés, et la double tribune des transepts diminue l'effet de l'ensemble.

Saint-Gervais est célèbre par la délicatesse des nervures de ses voûtes doubles et entrelacées avec art; par ses vitraux, ouvrage de Jean Cousin, en 1587 et de Pinaigrier en 1527 et 1530; par ses clés pendantes et son portail. On a placé dans cet édifice des mausolées recueillis dans les vieux Augustins, et dont la conservation est due à l'estimable M. Lenoir, mais les tableaux capitaux de Lesueur, Sébastien Bourdon, et Philippe de Champagne ont été transportés dans nos musées royaux.

Les clés pendantes de Saint-Gervais sont placées dans les bas-côtés, mais les plus belles décorent le rond-point de la chapelle de la Vierge, située, comme d'usage, derrière le chœur.

M. Legrand, dans sa description de Paris, nous donne le détail des moyens employés pour produire les *Culs-de-Lampes*, nom générique de cette espèce d'escamotage architectural; j'y renvoie mes lecteurs, en rappelant que la chapelle latérale de Noyon est l'édifice le plus riche et le plus curieux d'Europe, peut-être, pour l'usage et l'abus de ce genre de décoration.

La tour de Saint-Gervais a 150 pieds de haut, elle est un peu maigre pour l'édifice, le défaut serait dissimulé par l'adjonction d'une flèche ou d'une campanille.

Le portail, composé de trois ordres superposés, s'élève à 134 pieds. La première pierre fut posée par Louis XIII en 1616; l'auteur est l'illustre Desbrosses à qui nous devons le Luxembourg et l'aqueduc d'Arcueil. Ce portail est justement admiré: c'est une des plus belles et des plus grandes pages de l'architecture française, il manque seulement une place qui permette de saisir l'ensemble de cette vaste décoration. L'achèvement de l'Hôtel-de-Ville, d'après l'excellent projet de M. Godde, aura le double avantage, en isolant cet édifice, de faire terminer l'ancienne place de la Grève, et d'en créer une nouvelle devant Saint Gervais.

TOUR DU GRAND ESCALIER DE BLOIS.

Blois, située sur la Loire, traversée par un des plus beaux ponts de France, est une cité très-pittoresque. La haute ville est dominée par la cathédrale, dont la tour est surmontée d'une campanille légère, et par la Préfecture autrefois l'Évêché, édifice construit sur les dessins de Gabriel. Les terrasses offrent une vue admirable sur le château, l'église des Jésuites, bâtie par Mansard, celle de Saint-Jean, aujourd'hui chapelle de l'Hôpital, dont une des tours négligées, comme partout en France, a perdu récemment son toit en pyramide quadrangulaire; les quais et le mail; le fleuve, dont les flots contenus par la grande levée commencée par Louis-le-Débonnaire; le faubourg de La Vienne avec sa paroisse, enfin, des prairies et des campagnes cultivées qui se succèdent jusques dans un lointain horizon, où elles se confondent avec les vapeurs bleuâtres de l'atmosphère.

Le château fut commencé sous les comtes de Blois, si célèbres dans notre histoire, par leurs sanglans démêlés avec le comte de Monfort et son héroïque femme, pour le duché de Bretagne. Il reste une tour gothique du premier édifice. Louis XII fit rebâtir, en 1498, la partie orientale de ce château, et augmenta celle du midi. François Ier construisit celle du nord, où ses armes sont sculptées ainsi que la salamandre, son emblême architectonique; enfin, Gaston d'Orléans, prince faible, beau diseur et peu guerrier, comme le malheureux époux de Valentine, dont il portait le titre, fit élever en 1635, sur les dessins de Mansard, la belle façade de l'occident qui n'a jamais été achevée.

Des propriétaires et des hôtes royaux habitèrent successivement avec leurs cours, le château de Blois tranformé maintenant en caserne.

Louis XII y est né; François Ier, Henri II, Charles IX, Henri III y firent de longs séjours. Henri IV y célébra ses noces avec Marguerite de Valois; Louis XIII y fit arrêter César de Vendôme et le grand Prieur, fils naturel du trop galant Béarnais; Marie Casimir, reine de Pologne, s'y retira en 1716; enfin Marie-Louise s'y réfugia en 1814, lorsqu'elle perdit la régence pour elle, et la couronne impériale pour son fils, en abandonnant Paris!

Après cette sèche énumération de souverains qui ont habité le château de Blois, il resterait à rapporter les événemens importans qui l'ont illustré.

C'est à Blois que Valentine de Milan cacha ses douleurs, après l'assassinat du duc Louis d'Orléans, dont elle sollicita vainement la punition de la justice du faible et insensé Charles VI. Un crime seul put avoir raison d'un crime; Montereau vengea le meurtre de Paris, et le duc de Bourgogne expira sous la hache de Tanneguy-du-Châtel, qui ouvrit dans son crâne cette large voie par laquelle les Anglais entrèrent dans la France presque entière.

Isabeau de Bavière pleura dans les tours du château sa puissance déchue, ses amours détruits, un trône et une couche royale où, mère et femme, elle avait fait asseoir Médée et Messaline.

C'est à Blois que fut promulguée la célèbre ordonnance judiciaire qui porte son nom.

Mais ce qui rend surtout cette ville fameuse, c'est la tenue des états du royaume en 1588, et la sanglante catastrophe qui les termina.

L'illustre duc de Guise, troisième génération de héros, dont la croix de Lorraine allait fleuronner la couronne de France dépouillée de ses lys, sans la confiance insensée, si bien caractérisée par les mots *on n'oserait*, le duc de Guise, trop puissant pour être jugé, périt sous le fer de Monsivry qui le frappa le premier, de Saint-Malin, Labastide, Halfrenas et Herbelade, tous de la compagnie de Lognac, dite des Gascons. Ils étaient au nombre de quarante-cinq, et le malheureux prince fut percé de quarante-cinq coups de poignard, comptés par le roi frissonnant de joie et de terreur, et qui, pour la première fois, regardait son ennemi en face !

Le cardinal de Guise et l'archevêque de Lyon, d'Espinac, furent égorgés le lendemain. Henri III se crut roi à la mort de son ennemi ; mais le couteau de Jacques Clément répondit à la dague de Monsivry, comme la hache de Tanneguy du Châtel à la masse d'armes de D'Anquetonville ! On l'oublie trop, la clémence est une sauvegarde autant qu'une vertu.

PORTAIL LATÉRAL DE SAINT-EUSTACHE,

A PARIS.

Saint-Eustache est une église doublement intéressante et par la grandeur de ses proportions, et par son style de transition entre l'époque ogivale et la renaissance.

La découverte d'une tête colossale de Cybèle, en bronze, à l'entrée de la rue Coquillère, a fait croire que Saint-Eustache occupait l'emplacement d'un temple consacré à la mère des Dieux. Quoi qu'il en soit, fondée dans le commencement du XIIIᵉ siècle sous le nom de *chapelle de Saint-Agnès*, cette église fut placée sous le vocable de *Saint-Eustache*, saint très-peu connu ; aussi l'un des spirituels curés de cette paroisse saluait-il, chapeau bas, le célèbre docteur Delaunay qui démontra la fausseté de plusieurs légendes superstitieuses, et, disait-il en riant : j'ai toujours peur que cet homme ne déniche mon pauvre Saint-Eustache.

Le prévôt des marchands posa, en 1532, la première pierre de l'édifice actuel qui fut consacré en 1637, et achevé entièrement en 1448.

L'église, de la longueur totale de 53 toises, d'après M. Legrand, est d'une prodigieuse élévation, car la tour septentrionale, la seule achevée, qui a 132 pieds de haut, est beaucoup plus basse que l'arrête du toit. Bien que d'une architecture bâtarde, qu'on me pardonne ce mot, mais intéressante pour l'histoire de l'art, Saint-Eustache est si imposant à l'intérieur, que le vénérable Pie VII disait que c'était une véritable basilique, et la plus majestueuse de Paris.

Le portail, morceau capital de tout édifice sacré, était d'abord bâti dans le même caractère que l'église : on peut voir dans le plan de Paris, édit. du Louvre, la construction originaire. Les deux tours s'élevaient seulement alors à la hauteur de 13o pieds, et n'étaient pas achevées, mais les dessins étaient faits. Ils sont d'une grande richesse, et le couronnement rappelle l'admirable campanille centrale de Saint-Ouen, à Rouen. Servandoni donna un nouveau projet dans lequel la façade, du style classique le plus pur, se développait avec noblesse sur une place carrée, bordée d'édifices réguliers, et supportait deux tours magnifiques de deux cents quarante pieds de haut.

Après quelques travaux préliminaires, on adopta malheureusement les dessins de MM. Mansard de Jouy et Moreau, successivement architectes de la Ville, et la façade fut mise, en 1788, dans l'état où nous la voyons aujourd'hui. Les deux ordres, Dorique et Ionique, sont massifs, et ne s'élèvent pas à la hauteur de l'église ; il aurait fallu un troisième ordre comme à Saint-Gervais. De plus, l'architecture de cette façade n'est ni antique ni moderne, et ses colonnes trop espacées ne peuvent soutenir l'énorme poids de la plate-bande qui supporte le fronton.

On a regratté ce portail récemment, et on a laissé imparfaite la tour méridionale qui ne s'élève qu'à la hauteur du fronton ; ainsi nous avons doublement à regretter les tours gémelles du projet primitif ou celles de Servandoni, et l'aspect aérien de la capitale reste toujours appauvri d'autant. C'est un motif de plus pour rendre grâce à M. Hittorf des campanilles légères dont il a embelli l'église Saint-Vincent-de-Paule, et décoré la vue panoramique du nord de Paris.

MEUBLES.

Cette première partie de l'ouvrage contient six planches de Meubles ; la seconde partie doit en renfermer encore. J'ai pensé qu'il serait convenable de placer à la fin de ce recueil seulement la Table chronologique des édifices et la Notice générale sur les décorations des appartemens intérieurs et privés de nos aïeux. On verra, de plus en plus, combien cette époque, si peu connue et tant calomniée, était riche en productions publiques et particulières ; combien elle était puissante d'énergie et saisissante d'originalités individuelles ! On deviendra plus juste et plus respectueux peut-être envers les admirables XIIe, XIIIe, XIVe et XVe siècles ; et si l'on ne les appelle pas l'âge d'or de la France, on cessera du moins de les en nommer l'âge de fer !

MORET,

AVOCAT A LA COUR ROYALE DE PARIS.

TABLE DES MATIÈRES.

IMPRIMERIE DE BEAULÉ ET JUBIN,
Rue du Monceau Saint-Gervais, 8.

Publié par Veith et Hauser, Boulᵈ des Italiens, 11.

Cathédrale de Senlis.

Paris chez Veith et Hauser, Boul.d des Italiens, 11   Lith.o de Benard et Frey

N.o 1.

Cathédrale de Limoges

Portion de la Clôture du Chœur de Ste Cécile d'Alby.

Tour du grand escalier du Château de Blois

M. Alophe lith.

Chapuy del.

Dressoir.

Chez Veith et Hauser, Boul. des Italiens n.

Lith. de Bernard et Frey.

Le Comte Turpin de Crissé lith.

Chapuy del.

A A. Chapiteaux de l'Abbaye St. Germain à Paris
B   Fenêtre de l'Église de Avray

Ancienne église St. Pierre à Senlis.

à Paris, chez Veith et Hauser, 31, Boul. des Italiens.   Lith. de Bernard, Frère

N.º 7

Chapuy del.

Saint-Severin
à Paris.

Paris, chez Veith et Hauser, Boul. des Italiens, 11

N° 8.

Lith. de Bernard et cⁱᵉ

Dessiné et lith. d'après nature par le Comte Turpin de Crissé.

Manoir de St Ouen, près Chateaugontier.

Monthelier lith.

Chapuy del.

Le tombeau du Christ
au vieux Thann, en Alsace

Lith. de Bernard et Frey

Nº 10

Danjoy lith.   Chapuy del.

Détails de la salle capitulaire de S.t Georges de Bocherville.

Paris, chez Veith et Hauser, Bou.t des Italiens 1;   Lith. de Benard & Frey

N.º 8

T Boys del

Chapuy del

A Paris, chez Veith et Hauser 11. Boul des Italiens

Lith de Benard et Frey

Table et Chaise tirés de la Collection de Mr. Monbro.

Nᵒ 12

Chapelle du St Sang à Bruges

Paris, chez Veith et Hauser, Boul.d des Italiens, 11   N°13.   Lith. de Bevard et frère

Dessiné par J. Hoys d'après nature.

Hôtel de ville d'Arras.

A Paris, chez Veith et Hauser, Bould des Italiens, 11.   N° 14.   Lith. de Benard & Frey

Dessiné et lith. par le Cᵗᵉ Turpin de Crissé.

chez Veith et Hauser Boul. des Italiens 11 à Paris

Lith. de Benard et Frey

Entrée de la ville de Vendôme.

Nᵒ 15

Munchehr lith.

Chapuy del.

1. Portion de la façade de l'Église de Ville-franche (Rhône)
2. Fragments du portail latéral de S.t G.^{ain} l'auxerrois.

Paris, chez Veith et Hauser, Boul.d des Italiens, 11

Lith. de Benard et Frey

N.º 16.

Boiserie du Musée de Dijon.

L. Dampuy lith.

Chapuy del

Paris, chez Veith et Hauser, Boul.ᵈ des Italiens, 11.

N° 17

Lith de Benard et Frey.

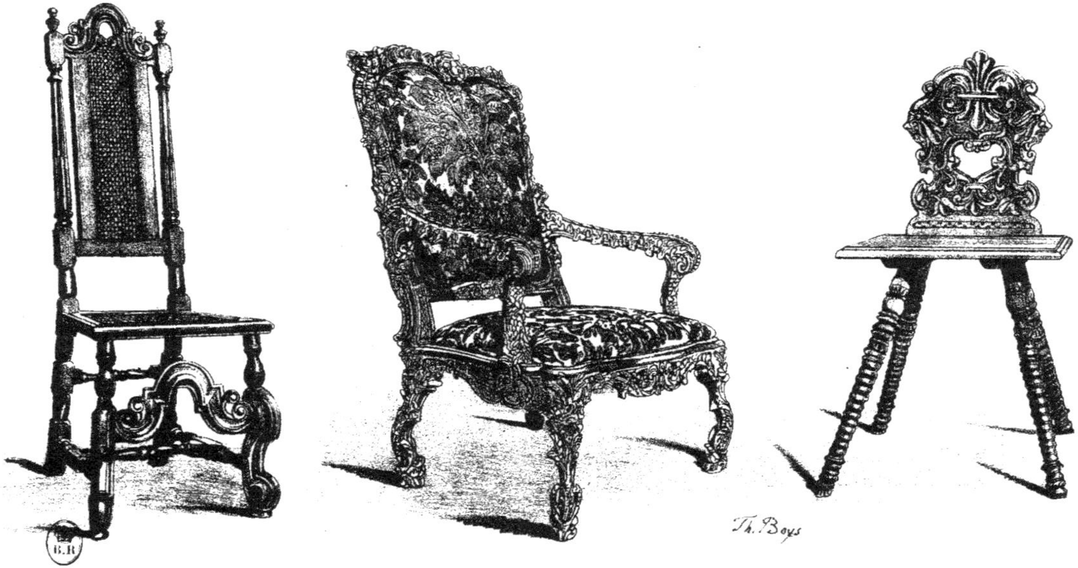

Th. Boys

Th. Boys del. et lith.

Fauteuil ayant servi de Trône au Roi Stanislas
Chaises diverses
tirés de la Collection de Mr Schwiter

N° 18

Caen

N° 19.

Cathédrale de Laon. Façade du sud.

Dᵉ et lith d'après nature par le Comte Turpin de Crissé.

Maison construite en bois à Angers.

Mousthelier lith.

Chapuy del

Notre-Dame la grande à Poitiers.

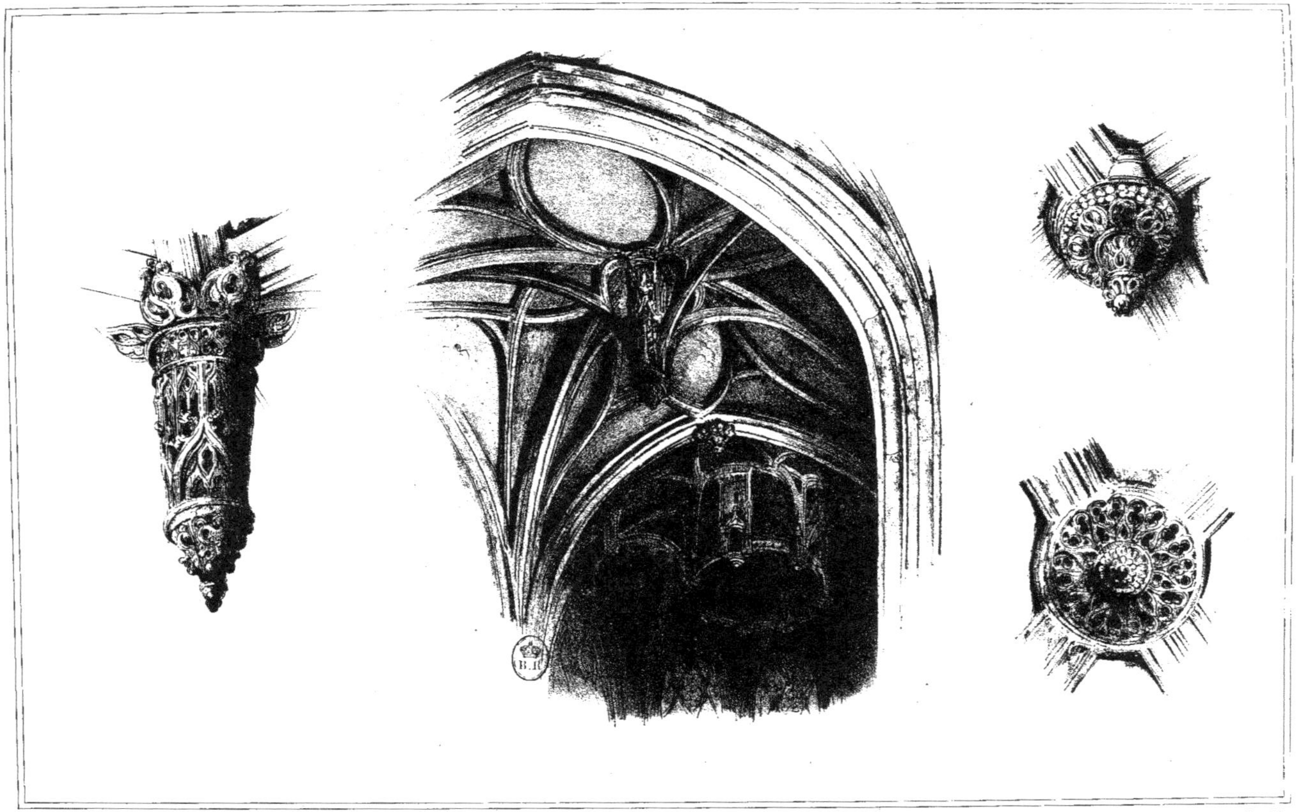

J. L. Tirpenne lith.

Chapuy del.

Voussures, Rosaces et Clefs pendantes de St Gervais, à Paris.

N° 23.

Paris, chez Veith et Hauser, Boul.d des Italiens, 11.

Lith. de Benard et Frere.

The. Boys del. et lith.

lith. de Benard et Frey.

Chaises

tirées du Magasin de Mʳ Monbro.

Rue basse du Rempart.

à Paris, chez Veith et Hauser, Boul. des Italiens Nº 11.

Nº 24.

Notre-dame de l'Épine,
près Châlons sur Marne

Paris, chez Verdet Hauser, boul^d des Italiens, 10.
N° 25.
Imp. de Lemercier, Benard et Cie

Dessiné d'après nature par Andrieux

Ruines de l'Abbaye à Jumièges

Ancien palais des Ducs de Lorraine
à Nancy.

Nᵒ 27.

Paris, chez Veith et Hauser, Boulᵈ des Italiens, 11.   Lith. de Benard et Frey

Chapuy del.   Villemin lith.

Chaire dans la Cathédrale à Strasbourg

Lehnert lith.

Chapuy del

Façade de Ruffec.
Poitou.

Paris, chez Veith et Hauser, Boul.^d des Italiens, 11.

Lith. de Benard et Frey.

N.º 29.

Th.ˢ Boys 1836.

Lith de Bernard et Frey.

Th.ˢ Boys 1836.

2 Cadres, et un Bénitier,
tirés de la Collection de M.ʳ Schwiter

Chez Veith et Hauser, Boul. des Italiens, 11

N.º 30.

Cathédrale de Berne.

N.º 51.

Morel Avt del.

Monthelier lith.

Église St Jean
à Elbœuf

Paris, publié par Veith et Hauser, B., Boul⁴ des Italiens.

Lith. de Benard et Frey

N.º 32.

Portail latéral de St Eustache
rue Trainée à Paris.

Nᵒ 33.

Champy del.   Montbelier lith.

Fontaine à Bâle.

Paris, chez Veith et Hauser, 11. Boul^d des Italiens.   N° 34.   Lith. de Bernard et Frey

Chapuy del.   Lerpenne lith.

Détails de Notre-Dame la Grande à Poitiers.
Chapiteaux de l'Abbaye St. Michel de Canigou.

N.º 36

Dessiné et lith. par Villemin

Meuble de la Collection de Mʳ. Monbro

Rue basse du Rempart

Paris chez Veith et Hauser, Boulᵈ des Italiens, 11.   N°36   Lith. de Benard et Frey.

www.ingramcontent.com/pod-product-compliance
Lightning Source LLC
LaVergne TN
LVHW012310170726
843503LV00002B/658